ココミル⁺
cocomiru

# 広島 宮島

すてきな思い出
作りましょ♪

おしゃれなカフェやショップが立ち並び
進化を続ける街だからこそ、今と過去をつなぐ
世界遺産の存在感が際立つ広島。
初めて訪れた修学旅行とは違う気持ちで、
新しい楽しみ方を探しに行きませんか。

# 何度訪れても新しい発見がある
# 平和を願う広島を訪ねて

Akushu Cafe
ORGANICのもみじ
饅頭ソフト(P73)

宮島でかわいい鹿を撮影(P20)　鮮やかな朱塗りが映える厳島神社(P24)

2

春には多宝塔(P46)の周辺で桜が満開に
※2024年7月現在、多宝塔は修理工事中

厳島神社(P24)で御朱印と御朱印帳をゲット！

広島には瀬戸内のレモンを使ったおみやげがいっぱい(P103)

イラストが印象的な因島のはっさくゼリー(P102)

## 自然と歴史が調和する2つの世界遺産で 景色を望みながら過去に思いを馳せる

宮島らしいオリジナル杓子はおみやげにぴったり(P43)

宮島張り子は鮮やかな色使いと美しいシルエットが特徴(P43)

広島平和記念資料館(P70)で折り紙を購入して折り鶴を供えよう

緑豊かな平和記念公園をおさんぽ(P68)

入船山記念館の旧呉鎮守府司令長官官舎(P123)

ロケーション抜群のカフェで
ひと休み(P38)

宮島口のettoでは広
島ならではのグルメを
楽しめる(P47)

ハート型の洗顔
ブラシは自分み
やげに(P86)

右：アーチが美しい錦帯橋(P118)
／下：瀬戸内の海景色を楽しめる
宮島ロープウエー(P32)

刻々と表情を変える景色や心ときめく瞬間
誰かと共有したい今をキリトル旅へ

灰ヶ峰展望台(P122)は呉の街
を見渡せる夜景スポット

イートインスペースでもみじまんじゅうを食べ比べ(P40)

ワインとスイーツを楽しむ大人の時間(P38)

宮島のカキは大粒で味が濃厚(P36)

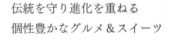

伝統を守り進化を重ねる
個性豊かなグルメ＆スイーツ

麺の固さやトッピングなどお店の
個性が光るお好み焼き(P50)

コオリヤユキボウシの
看板メニュー(P75)

新作が続々
登場する
MAISON
RABELAIS
(P107)

鹿のクッキーが
かわいいパフェ
(P39)

下：大正14年(1925)竣工時の面影を残した広島アンデルセン(P84)

土・日曜、祝日なら広島の人気ベーカリーでモーニング
(P84)

## 広島タウンってどんなところ？

### 世界で初めて被爆した都市であり現在は川と緑に囲まれた水の都

太田川から派生した6本の大きな川が流れる水都。昭和20年（1945）8月6日に投下された原子爆弾により、壊滅的な被害を受けるも再生。原爆の恐ろしさを伝え、世界恒久平和を願うシンボルとして平和記念公園が整備されました。また、中四国地方最大級の繁華街で、グルメ＆ショッピングが満喫できます。

被爆時の姿を留める原爆ドーム。元安川を挟んだ対岸に広島平和記念資料館がある

満潮時には海に浮かぶように見える厳島神社の大鳥居

## 宮島ってどんなところ？

### 海上に立つ大鳥居がシンボル神秘的な力が宿る世界遺産の島

日本三景の一つで、古来より「神の島」として崇められてきた宮島。平安時代に平清盛が厳島神社の社殿を造営してからは、多くの武将たちの信仰も集めました。海上に立つ厳島神社の建築美と前面の海、背景の弥山原始林との調和が高い評価を受け、平成8年（1996）に世界文化遺産に登録されました。

# 広島・宮島へ旅する前に知っておきたいこと

広島・宮島の必見スポットや名物グルメなど
押さえておきたい旅のキホンを事前にチェック！
しっかり予習して、旅をスムーズに楽しみましょう。

## どうやって行く？

### 飛行機、鉄道、バス
### 多彩なルートでアクセス OK

札幌や沖縄など遠方からのアクセスなら飛行機で広島空港へ（広島空港〜 JR広島駅はリムジンバスで50分）。JR広島駅には「のぞみ」ほか、全新幹線が停車するので、東京や大阪からなら鉄道の利用も便利です。交通費を抑えたいなら高速バスもおすすめです（☞P135）。

JR広島駅着の高速
バスなら着いてすぐ
観光へGO!

## 広島+宮島 観光時間の目安は？

### かけ足なら丸 1 日
### じっくり楽しむなら 1 泊 2 日

みどころを絞って効率よく移動すれば1日で巡ることも可能。広島タウンでのショッピング＆グルメ、観光を満喫するなら1泊2日がおすすめです。広島タウンにはホテルが多数ありますが（☞P108）、宮島に宿泊するのもおすすめ（☞P44）。ライトアップされた夜景や人が少ない早朝の厳島神社など、ひと味違う宮島の魅力を体験できます。

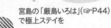

宮島の「厳島いろは」（☞P44）
で極上ステイを

## さらにもう 1 日観光するなら？

### 広島・宮島から日帰りで楽しめる
### 人気観光地へ出かけましょう

昔町散策なら、錦帯橋で知られる山口県の岩国（☞P118）や安芸の小京都・竹原（☞P132）、お酒好きなら酒蔵の町・西条（☞P130）へ。呉では旧海軍ゆかりのスポットやグルメなどが楽しめます（☞P122）。呉から安芸灘とびしま海道を通って歴史ある港町・御手洗まで足を延ばしても（☞P128）。平清盛にゆかりのある音戸の瀬戸へもぜひ（☞P15）。

日本三名橋の一つ錦帯橋。
その造りは必見

## はじめての広島・宮島で必見は?

### 広島タウンの平和記念公園と宮島の嚴島神社はマストです!

平和記念公園には、世界文化遺産の原爆ドームや広島平和記念資料館、モニュメントなどが点在(☞P68)。原爆の恐ろしさや平和の尊さが心に刻まれます。宮島では嚴島神社(☞P24)にまず参拝、時間があれば霊峰・弥山(☞P32)へ。絶景が楽しめ、最近は恋のパワースポットとしても人気です。

原爆の惨禍を伝える原爆ドーム

弥山ハイキングで神秘のパワーを感じよう

平家の栄華を偲ぶ嚴島神社の壮麗な社殿

## 注目の平清盛スポットは?

### 宮島や音戸の瀬戸では清盛にまつわる史跡が多数

清盛の功績を称えて建立された供養塔がある清盛塚

平安時代末期に活躍した武将の平清盛は、広島・宮島に深いゆかりがあります。現在の嚴島神社は、清盛の造営によるもの。ほかにも、日宋貿易における瀬戸内海の航路短縮のために清盛が切り開いた海峡・音戸の瀬戸、上洛の途中で嵐に遭遇し流れ着いたとされる御手洗などがあります(☞P15)。

## 旅をより思い出深くするには?

### 嚴島神社での貴重な体験や
### クルージングはいかが?

宮島なら、嚴島神社を海上から参拝できる遊覧船やシーカヤック（☞P28）、伝統芸能の鑑賞（☞P29）、夜のライトアップ（☞P46）などはスペシャル感たっぷり。広島タウンなら、水都・広島を体感できるクルージング（☞P76）やMAZDA Zoom-Zoomスタジアム 広島（☞P104）での野球観戦などがおすすめです。

ひろしま世界遺産航路
は移動手段としても便利

宮島でのランチに
おすすめのあなごめし

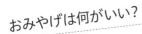
お好み焼きは豊富な
トッピングが楽しめ
る店も多い

## ぜひ味わいたいのは?

### 広島名物のお好み焼きや
### 瀬戸内海の新鮮魚介に舌鼓

広島といえば、薄い生地とたっぷりキャベツが特徴のお好み焼き（☞P50～）。広島タウンには多数の店があるので、食べ比べするのも◎。宮島グルメならあなごめし（☞P34）。ほか、カキなど瀬戸内海の鮮魚料理（☞P36・56・58）、広島風つけ麺や汁なし担々麺（☞P60・61）などもぜひ。

## おみやげは何がいい?

### 大定番のもみじまんじゅう
### おしゃれ女子なら熊野筆

広島みやげの代名詞・もみじまんじゅうは、正統派から遊び心あふれるものまで多彩（☞P40・102）。使い心地抜群の化粧筆が、国内外で評判の伝統工芸品・熊野筆は、自分好みのものを選びましょう（☞P86）。ほかに、特産品を使ったみやげや広島グルメみやげなどもおすすめ（☞P83・102）。

熊野筆の専門店
が多いのも本場
ならでは

もみじまんじゅう
は宮島が発祥の地

# 広島・宮島って こんなところ

嚴島神社、平和記念公園の
2大観光スポットを中心に
お楽しみがいっぱいです。

##  嚴島神社と平和記念公園 2大観光地は外せません

宮島の嚴島神社、広島タウンの平和記念公
園を中心に巡るのが定番ルート。それぞれ
みどころがコンパクトにまとまっているので、
かけ足なら1日で巡ることも可能。

## 広島の玄関口はJR広島駅 宮島へのアクセスは？

新幹線や地方からの高速バスが発着する
JR広島駅。広島空港からはリムジンバスで
50分かかるので、東京や大阪方面からは新
幹線もおすすめ。宮島の玄関口・宮島口へは、
JRと広島電鉄2つの路線がある。JRが早く
て便利だが、広島電鉄のお得なチケット（☞
P137）もあるので、プランに応じて選ぼう。

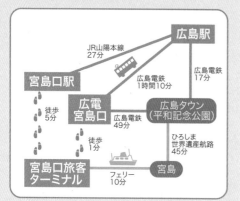

| | | |
|---|---|---|
| 広島駅 | | |
| JR山陽本線 27分 | | 広島電鉄 17分 |
| 宮島口駅 | 広島電鉄 1時間10分 | |
| ↓徒歩 5分 | | 広島タウン （平和記念公園） |
| 広電 宮島口 | 広島電鉄 49分 | |
| ↓徒歩 1分 | | ひろしま 世界遺産航路 45分 |
| 宮島口旅客 ターミナル | フェリー 10分 | 宮島 |

▲世界でも類をみない
海に建てられた嚴島神社の
大鳥居

## みやじま 宮島 ①
・・・P18

日本三景の一つにも数えられる
風光明媚な島。嚴島神社と弥山
が世界文化遺産に登録されてお
り、国内外からの多くの観光客で
賑わう。グルメはあなごめしやカ
キ料理、おみやげは宮島発祥のも
みじまんじゅうが大定番。

▲あなごめしは
宮島グルメのマスト

▲弘法大師が開いた弥山。瀬戸内海の
絶景を望むハイキングも楽しめる

▲店頭で焼きたてのもみじ
まんじゅうが味わえるのは
宮島ならでは

ココにも行ってみたい

### いわくに 岩国（山口県）・・・P118

日本三名橋の一つ、錦帯
橋が有名。錦帯橋を見学
したら、岩国城や藩主・
吉川氏ゆかりのスポット
を散策、郷土料理の岩国
寿司も楽しみたい。

### くれ 呉・・・P122

かつて軍港として栄えた
街で、「大和ミュージアム」
と「てつのくじら館」、2
つのミュージアムが人気。
旧海軍のレシピを復刻し
た海軍グルメも。

◀広島タウンは、実はスイーツ激戦区。散策中のひと休みに立ち寄りたい

ひろしまたうん
## 広島タウン ②
・・・P49・63

原爆被災地として世界恒久平和へのメッセージを発信する街で、観光の中心は世界文化遺産の原爆ドームなどがある平和記念公園。グルメや買い物も楽しもう。

◀広島グルメといえば欠かせないお好み焼き

▼川と緑に囲まれた平和記念公園は市民の憩いの場でもある

② 広島タウン

広島駅

平和記念公園

① 宮島

---

おんどのせと
## 音戸の瀬戸・・・P15
呉からバスで約20分の場所にある、平清盛が切り開いた幅90mの海峡。かつて栄華を極めた平清盛ゆかりの地として注目を集める。

あきなだとびしまかいどう・みたらい
## 安芸灘とびしま海道・御手洗・・・P128
5つの島を7つの橋でつなぐ安芸灘とびしま海道。その途中にある御手洗は江戸時代に潮待ちの港として栄えた情緒ある港町。

さいじょう
## 西条・・・P130
伏見、灘と並ぶ酒の都として有名。「酒蔵通り」では酒蔵見学や試飲などが楽しめる。カフェ併設の酒蔵や酒にちなんだグルメ&おみやげもある。

たけはら
## 竹原・・・P132
風情あふれる「安芸の小京都」。江戸時代に製塩と酒造業が発展した。当時の町並みが残る「町並み保存地区」では、由緒ある屋敷などが見学できる。

出発〜！

**10:15 広島駅**

新幹線や地方からの高速バスが発着するJR広島駅からスタート。JR宮島口駅へと向かいます。

**11:05 宮島** （みやじま）

JR宮島口駅から徒歩5分の宮島口旅客ターミナルからフェリーに揺られること10分、宮島旅客ターミナルに到着です。

鹿さんはやさしく見守ってね

宮島のあちこちで見かける鹿。実は野生動物。古くから宮島では大切にされています。

**11:20 厳島神社** （いつくしま）

満潮時、海に立つ厳島神社の大鳥居。干潮時には鳥居の根元にも行けます（☞P26）。

平安時代の姿を留めています

平清盛が造営した厳島神社。境内には国宝や国重文の建物がいっぱいです（☞P24）。

厳島神社の中心にある御本社でしっかりとお参りしましょう（☞P25）。

**12:10 あなごめし**

ランチには宮島名物・あなごめしを。香ばしく焼き上げたアナゴと甘辛いタレが絶妙に（☞P34）。

**13:30 弥山** （みせん）

絶景が楽しめる弥山ハイキング。弘法大師にまつわる史跡や不思議スポットも点在（☞P32）。

願いが叶いますように

恋のパワースポットとしても人気の弥山。ハート型の絵馬に願いを込めて（☞P33）。

**豊国神社** （ほうこく）
**15:30 （千畳閣）**

豊臣秀吉が手がけた広さ857畳の大経堂。建立途中で秀吉が亡くなり未完のまま（☞P22）。

**16:00 表参道商店街** （おもてさんどう）

食事処やみやげ物店が並ぶ、宮島のメインストリート。宮島名物ならおまかせ（☞P42）。

おみやげにぴったりの伝統工芸品,宮島張子を「民芸 藤井屋」（☞P43）で発見！

# 1泊2日で
# とっておきの広島・宮島の旅

広島タウンと宮島の観光ハイライトを巡るプランをご紹介。
厳島神社と平和記念公園、2大スポットの観光を中心に、
ご当地グルメやおみやげ選びまで、たっぷり楽しみましょう。

## 17:00 宿

上質なくつろぎのステイを約束してくれる「厳島いろは」(☞P44)にチェックイン。

## 20:00 夜の宮島散策

宿での食事後は夜の宮島散策へ。厳島神社を海上から眺められる遊覧船もぜひ(☞P28)。

## 10:30 平和記念公園

国際平和都市・広島を象徴する公園。被爆時の姿を留めた原爆ドームもある(☞P68)。

「広島平和記念資料館」(☞P70)で原爆の恐ろしさと平和の尊さを心に刻みましょう。

## 13:40 広島城

平和記念公園対岸にある「Caffe Ponte」(☞P74)でさわやかにイタリアンランチを。

## 14:30 縮景園 (しゅっけいえん)

広島藩主・浅野長晟の別邸の庭として造られた。癒やしの空間にほっとひと息(☞P81)。

## 15:30 本通商店街

人気菓子や加工食品を扱うセレクトショップ「長崎屋」はみやげ探しにぴったり(☞P83)。

毛利輝元が築城。天守閣(復元)の内部は、歴史博物館になっています(☞P80)。

## 17:00 お好み焼き

界わいには広島っ子にも人気の個性派カフェがたくさん。ひと休みにいかが?(☞P92・93)。

絶対食べて帰りたいお好み焼き。人気店「八昌」(☞P50)で早めに夕食をとります。

## 18:00 広島駅

広島駅に着いたら、「ekie」などでおみやげ探しのラストスパート(☞P99・102)。

おしゃれ女子
必須アイテム

旅の締めは熊野筆 セレクトショップ(☞P87)で自分みやげに憧れの熊野筆をゲット!

---

せっかく遠くへ来たんですもの

## 3日目はひと足延ばしてみませんか?

### 錦帯橋がシンボルの城下町・岩国へ

日本三名橋の一つ、錦帯橋が有名。その美しさとともに、高度な組木技法にも注目。岩国城などと併せて城下町散策を楽しみましょう(☞P118・121)。

### 2つのミュージアムが人気旧海軍の街・呉へ

かつて軍港として栄えた街で、「大和ミュージアム」『てつのくじら館』が人気。旧海軍のレシピを復活させた海軍グルメも楽しめます(☞P122・126)。

# 平清盛にゆかりの深い
# スポット＆史跡に注目です

平安末期に貴族社会を終わらせ、武家社会の始まりを築いた平清盛。
広島の各地に、清盛ゆかりのスポットが点在しています。
平安時代の面影を偲びながら、のんびりと散策を楽しみましょう。

一族の絆を重んじた
日本のゴッドファーザー

## みやじま
## 宮島 …P18

平家一門の栄華を
今に伝える厳島神社

広島駅から電車
＋船で約45分

宮島のシンボルでもある厳島神社は、仁安3年（1168）に清盛によって海上に立つ現在の様式に修造された。平安時代の貴族邸で用いられた寝殿造を取り入れ、潮の満ち引きまで計算して造られた美しい社殿や大鳥居は、今もなお清盛が造営した当時の面影を残している。ほか、「清盛塚」や「二位殿燈籠」などのみどころがある。

## たいらの きよ もり
## 平清盛って
どんな人？

貴族政治が混迷を深めた平安後期に活躍した武将。平氏の嫡男として瀬戸内海の海賊を従え、武士の頂点を極めた。その後、官位のトップ・太政大臣の位も手に入れ、日本の覇者へと上り詰める。中国との交易や宮島の厳島神社の造営に力を入れ、一族を繁栄に導くが、源氏との争いの最中に熱病に倒れ、64歳でこの世を去った。

**1** 荘厳な雰囲気が漂う厳島神社（◯P24）の大鳥居と社殿 **2** 清盛が平家一門の繁栄を祈願したという清盛塚（◯P31） **3** 二位殿燈籠は、清盛の妻・二位の尼を偲ぶ石燈籠（◯P31）

平清盛の偉業、音戸の瀬戸には真紅の音戸大橋が架かる。手前の囲いの中に清盛塚があり、中央に供養塔が立つ

広島駅から電車＋バスで約1時間

わずか1日で完成したという伝説の景勝地

## おんどのせと
# 音戸の瀬戸

絶好の航路ながらも幅が90mしかなく、潮流の速さと岩礁により、瀬戸内海でも難所とされていた音戸の瀬戸。宋との貿易をスムーズにするため、切り開いたのが平清盛だといわれている。壮大な開削工事の最中、沈みゆく太陽を清盛が金の扇であおぎ、招き返したことで、見事に工事が1日で成就したとの伝説が残る。

**アクセス**
- 🚌 **電車・バス**：広島駅からJR呉線快速で約30分の呉駅から広電バス呉倉橋島線で清盛塚まで約25分
- 🚗 **クルマ**：広島呉道路呉ICから国道185号・487号経由で音戸の瀬戸公園まで約10km
- **問合せ** ☎0823-23-7845（呉市観光案内所）
- **広域図** 付録裏E5

### おんどのせとこうえん
### 音戸の瀬戸公園

**平清盛日招き伝説の地**

公園内の一番高い所にあり、絶景を望む「高烏台」は、清盛が太陽を招き返したとされる伝説の地。清盛の「日招像」も立つ。

☎0823-23-7845（呉市観光案内所）🏠呉市警固屋8 🕐🌕休散策自由 🚌バス停音戸大橋上からすぐ Ｐ約190台 **MAP**P15

### きよもりづか
## 清盛塚

**清盛の功徳を称える供養塔**

清盛は、音戸の瀬戸開削の際、人柱の代わりに一字一石の経石を海底に沈めて難工事を達成したという。元暦元年（1184）にその功績を讃え、供養するため建立された。

☎0823-52-1111（音戸市民センター）🏠呉市音戸町鰯浜 🕐🌕休散策自由 🚌バス停清盛塚からすぐ Ｐ音戸大橋下駐車場利用 50台（有料）**MAP**P15

広島駅からバスで約2時間8分

清盛が流れ着いた潮待ち・風待ちの港

### みたらい
# 御手洗 …P128

上洛途中、御手洗の沖合で嵐に遭遇した清盛。手を洗い一心に観音様にお祈りすると、たちまち風が止み九死に一生を得た。この伝説が「御手洗」の地名の由来とも。その後、現在の南潮山 満舟寺の地に庵を結び、十一面観音像を安置したという。

音戸の瀬戸

200m

倉橋島
第二音戸大橋
487
487
487
音戸大橋上
音戸大橋
音戸の瀬戸公園
66
日招像
高烏台
清盛塚
音戸漁港

1 清盛が庵を結び十一面観音を安置したとされる南潮山 満舟寺（☞P129）2 かつて潮待ちの港として栄えた御手洗の歴史を感じる町並み

ココミル✤
cocomiru

広島
宮島

Contents

〈マーク〉
🏯 観光みどころ
⛩ 寺社
♪ プレイスポット
🍴 レストラン・食事処
🍳 お好み焼き
🍶 居酒屋・BAR
☕ カフェ・喫茶
🛍 みやげ店・ショップ
🏨 宿泊施設

〈DATAマーク〉
☎ 電話番号
🏠 住所
¥ 料金
🕐 開館・営業時間
休 休み
🚃 交通
Ｐ 駐車場
室 室数
MAP 地図位置

● 表紙写真
表）嚴島神社（P24）／広島筆センター（P87）／民芸 藤井屋（P43）
／お好み焼・鉄板焼 貴家。地蔵通り本店（P53）／牡蠣祝（P38）／
ミヤトヨ本店（P40）
裏）上：広島アンデルセン（P84）／下左：スターバックス コーヒー 嚴
島表参道店（P38）

海上に立つ厳島神社の大鳥居

社殿を結ぶ約270mの朱塗りの廻廊

豊臣秀吉が手がけた未完のままの千畳閣

宮島のメインストリート表参道商店街

新緑や紅葉が見事な紅葉谷公園

宮島発祥、全国に知られるもみじまんじゅう

宮島らしいおみやげもいっぱい!

宮島グルメといえばあなごめし

絶景が満喫できる霊峰・弥山

# 世界遺産に名物グルメ… 魅力たっぷりの宮島を観光しましょう

世界文化遺産の嚴島神社や弥山があり、参道にはみやげ物店が並ぶ観光地 宮島。名物で知られるあなごめしやカキなどのグルメ、おみやげ探しのお楽しみもあります。

仲良しの鹿さん発見！

これしよう！
ランチには
名物あなごめし
あなごめしは絶対に食べたい宮島名物グルメ。ランチにぴったり（☞P34）。

これしよう！
パワースポット
弥山ハイキング
神秘のパワーを感じながら絶景＆史跡巡りを楽しもう（☞P32）。

これしよう！
その姿に感動！
嚴島神社に参拝
海に浮かぶような神秘的な姿は必見。海上から眺められる船も（☞P24〜31）。

「神の島」と崇められてきた神秘の島

# 宮島
みやじま

宮島みやげのマスト、
もみじまんじゅう
（☞P40）

宮島は
ココにあります！

こんなところ

日本三景の一つに数えられる宮島。いちばんのみどころは、海上に立つ朱塗りの大鳥居や社殿が有名な嚴島神社。背後に広がる弥山とともに世界文化遺産に登録されている。嚴島神社の周辺には、歴史ある社寺や、宮島名物が味わえる食事処やみやげ物店などが立ち並び、充実した散策が楽しめる。

access

●広島駅から
JR山陽本線で27分、宮島口駅下車。徒歩5分の宮島口旅客ターミナルからJR西日本宮島フェリーまたは宮島松大汽船で10分
●平和記念公園から
徒歩すぐの元安橋からひろしま世界遺産航路で45分

問合せ
☎0829-44-2011
宮島観光協会
広域図 P48

# ～宮島 はやわかりMAP～

## 観光のヒント

### 平和記念公園と直結「ひろしま世界遺産航路」

平和記念公園と宮島を45分で結ぶ航路。乗り換えなしで便利なうえ、水上からの眺めも楽しい。
**DATA** P76参照

### 夜の宮島はとっても幻想的

石燈籠に明かりが灯り、大鳥居などをライトアップ(☞P46)

### 宮島の玄関口フェリー乗り場

旅の起点はココ。本州の宮島口からは約10分で到着する。

### 表参道商店街でおみやげ探し

宮島みやげが何でも揃う、宮島のメインストリート(☞P23・42)。

表参道商店街 **6** (☞P42)

錦水館

豊国神社(千畳閣)・五重塔

**牡蠣祝** **5** (☞P38)

・大鳥居

清盛神社 **嚴島神社** **1** (☞P24〜31)

宮島水族館・みやじマリン

宮島歴史・民俗資料館

嚴島神社宝物館 多宝塔

**ふじたや** **2** (☞P34)

**3 岩村もみじ屋** (☞P40)

**4** 弥山へ (☞P32)

紅葉谷駅 宮島ロープウエー

0　　　200m

大本山 大聖院 白糸の滝へ

---

## さくっと巡るなら
### 5〜6時間

嚴島神社を中心に周辺の寺社を巡り、あなごめしやおみやげ選びなどを楽しむコース。弥山は散策で1〜2時間必要なので、余裕をもってスケジュールを組もう(☞P32)。

| スタート | 1 | 2 | 3 | 4 | 5 | 6 | ゴール |
|---|---|---|---|---|---|---|---|
| 宮島桟橋 | 嚴島神社 | ふじたや | 岩村もみじ屋 | 弥山 | 牡蠣祝 | 表参道商店街 | 宮島桟橋 |
|  | 見る | 食べる | 買う | 見る | カフェ | 食べる 買う |  |
| 徒歩12分 | 徒歩3分 | 徒歩2分 | 徒歩13分+ロープウエーで14分 | ロープウエーで14分+徒歩11分 | 徒歩5分 | 徒歩10分 | |

# 1日じっくり観光、宮島の名所をひと巡り

所要 6〜7時間

みどころがいっぱいで、のんびりと散歩するのも楽しい宮島。
1日滞在すれば、観光もグルメも買い物もたっぷりと楽しめます。

境内にある天神社は菅原道真を祀る

※2024年7月現在、高舞台は修理工事中

## ① START!

### いつくしまじんじゃ 嚴島神社 世界遺産

詳細はP24〜31へ

**まず行きたい人気No.1スポット**

宮島桟橋から徒歩12分の場所にある神社。平清盛が造営した海上の優雅な社殿を拝観しに、国内外から多くの参拝者が訪れる。

## ②

徒歩すぐ

### だいがんじ 大願寺

**嚴島神社と縁の深い古刹**

明治維新まで、嚴島神社の修理や造営を司ってきた歴史をもつ高野山真言宗の古刹。秘仏の嚴島弁財天（非公開）は弘法大師の作と伝わる。護摩堂には総白檀の不動明王像が安置されている。

☎0829-40-2070 🏠廿日市市宮島町3 💰🕐🈺境内自由（本堂は入堂不可）🚃宮島桟橋から徒歩15分 🅿なし MAP P48B4

平成18年（2006）に開眼された不動明王像

本堂奥書院は幕末に、勝海舟と長州の使者の会談の場になった

## ③

### ほうこくじんじゃ（せんじょうかく）・ごじゅうのとう 豊国神社（千畳閣）・五重塔

**豊臣秀吉が手がけた未完の建物**

千畳閣は天正15年（1587）、豊臣秀吉が建立した大経堂。857畳分もある広さからこうよばれ、中には大型の書や絵馬が掲げられる。隣には応永14年（1407）建立の五重塔が立つ。

☎0829-44-2020（嚴島神社）🏠廿日市市宮島町1-1 💰拝観100円（千畳閣）🕐8時30分〜16時30分（五重塔は外観のみ、内部見学不可）🈺無休🚃宮島桟橋から徒歩10分 🅿なし MAP P48B3

秀吉の死後、天井の板張りなど依然未完成のまま

五重塔は和様と唐様を融合した優美な姿を見せる

ランチはここで

### ふじたや

天然アナゴにこだわる名店でランチを。あなごめしは3000円。
詳細はP34へ

徒歩6分

絶景スポット

展望台から瀬戸内海の
多島美を楽しもう

**5**

みせん
# 弥山

| 世界遺産 | 詳細はP32へ |

## 神秘の山でハイキング

弘法大師（空海）が開山した霊山。
獅子岩駅から山頂までは、瀬戸内
海の絶景や史跡を楽しめる片道約
30分のハイキングコースになって
いる。

宮島ロープウエーで
獅子岩駅まで20分

**4**

もみじだにこうえん
# 紅葉谷公園

## その名のとおりモミジの名所

弥山のふもとに広がる公園。紅葉
の名所として知られるが、春から
夏にかけての新緑も美しい。園内
には茶屋などの休憩所もある。
☎0829-44-2011（宮島観光協会） 住
廿日市市宮島町紅葉谷 ¥ 時 休散策自由
交宮島桟橋から徒歩20分 Ｐなし
MAP P48C4

秋は燃えるような紅葉が楽しめる
撮影：新谷孝一

徒歩10分

---

## 宮島の鹿は野生動物!?

ほとんどの個体が多くの時間を山の中で
過ごすことなどから、野生動物と位置付
けられている。観光要素の一つでもある
が、勝手にエサを与えるのはマナー違反
なので気をつけて。

獅子岩駅から
宮島ロープウエー
＋徒歩で
約40分

風情ある町並み

ふと見上げた看板
もレトロ

どこか懐かしい町並
みを散策

ひと休みは
ここで

ぎゃらりいみやざと
## ぎゃらりい宮郷

築250年の杓子問
屋を改築したカフ
ェ。雑貨コーナー
では宮島張子など
の民芸品を販売。
詳細はP39へ

**6**

まちやどおり
# 町家通り

## 情緒あふれる通り

昔ながらの町家が連なる静か
な通りに、町家を利用したギ
ャラリーやカフェ、飲食店が点
在。散策途中のひと休みにぴ
ったりだ。 MAP P48B3

GOAL!

**7**

詳細は
P42へ

おもてさんどうしょうてんがい
# 表参道商店街

## おみやげ探しはここで

宮島のメインストリート。焼
きガキやあなごめしなどの
食事処やもみじまんじゅう、
民芸品のおみやげ店などが
約350mにわたって続く。

徒歩1分

できたて
ほやほや

宮島の名物
「揚げもみじ
（☞P41）」

おみやげは
ここで

宮島名物なら何でも揃う賑やかな通り

しゃくしのいえ みやざと
# 杓子の家 宮郷

宮島の伝統工芸品、杓
子の店。購入した杓子
には自分の名前を入れ
てもらうこともできる。
詳細はP43へ

宮島を人力車で巡ってみよう。歴史と自然に囲まれたこの美しい島を特別な視点で楽しむことができること間違いなし。

宮島 ● 宮島の名所をひと巡り

# 平清盛も篤く信仰した
# 世界文化遺産・嚴島神社を参拝

見学所要 **30分**

数々の武将の信仰を受け、今は世界中から多くの人が訪れる世界文化遺産登録の神社。
境内に数ある国宝や国の重要文化財など、必見のポイントをチェックしましょう。

満潮時には海の上を歩いているような感覚

## 嚴島神社 （いつくしまじんじゃ）

世界遺産

**人々を魅了する
海上に立つ神社**

推古天皇元年(593)に佐伯鞍職が創建、仁安3年(1168)に平清盛によって現在の形に造営され、今でもいたるところに平安当時の姿を留めている。平家の栄華を今に伝える美しい建造物は世界中から注目され、世界文化遺産にも登録されている。

☎0829-44-2020 🏠廿日市市宮島町1-1 ¥昇殿料300円 ⏰6時30分～18時（季節により変動あり）休無休 🚶宮島桟橋から徒歩12分 Pなし MAP P48B3

---

ココミル① 　　　詳細は P30へ

### 華やかな社殿

平清盛が、平安時代の貴族の邸宅などに用いられた寝殿造を取り入れて造営。華やかで優美な社殿が、平家一門の栄華を物語っている。

---

ココミル② 　　　詳細は P26へ

### 海上の建物

「神の島」として古来から崇められてきた宮島。陸地に社殿を建てるのは恐れ多いと潮の満ち引きする場所に建てられている。

---

ココミル③

### 世界遺産

海上の建造物、周囲の海、背後に広がる弥山原始林が一体化した独創的な神社建築として評価され、平成8年（1996）世界文化遺産に登録。

### ❷ 客神社 [国宝]
まろうどじんじゃ

受付から進んでいくと、まず最初にたどり着くのが客神社。ここには五男神が祀られている。摂社の中では一番大きく本社と同じ構造をしている。

### ❸ 東廻廊 [国宝]
ひがしかいろう

客神社から御本社へと続く色鮮やかな朱塗りの廻廊。入口側の屋根は切妻造、出口側の西廻廊の屋根は唐破風造になっており、昔は西側が入口だったとも考えられている。

### ❹ 御本社 [国宝]
ごほんしゃ

広さ約83坪の日本有数の本殿。市杵島姫命など三女神を祀り、海上交通運輸の神、財福の神、技芸の神として信仰されている。

### ❻ 天神社 [国重文]
てんじんしゃ

毛利元就の長男・隆元の寄進で弘治2年（1556）に建てられ、学問の神様・菅原道真を祀る。室町時代の建物のため丹塗りがされておらず、漆喰を使用している。

### ❽ 反橋 [国重文]
そりばし

御本社の裏手にある丸く反り返った橋で、勅使橋ともよばれる。天皇からの使者である勅使だけが渡ることができた橋とされる。現在は一般の立ち入りは不可。

## 嚴島神社はこう巡りましょう！

大国神社
不明門
幣殿　本殿　長橋　❻天神社
朝座屋　❸東廻廊　❽反橋
拝殿　西側廻廊　出口
❷客神社　❹御本社
本殿　祓殿
五重塔 P.22　拝殿　祓殿
豊国神社（千畳閣）P.22　❺高舞台　❺能舞台　能楽屋
楽房　楽房
入口
門客神社　門客神社
御手洗川
←宮島桟橋へ　御笠浜　火焼前 P.27
P.27　西松原 P.27
❶大鳥居

### ❼ 能舞台 [国重文]
のうぶたい

戦国時代、毛利氏が海中に設けて能を奉納したのが始まり。現在の建物は江戸時代に広島藩主・浅野家が改修したもので、為政者たちに信仰されてきた神社の歴史を物語る。

### ❶ 大鳥居 [国重文]
おおとりい

嚴島神社のシンボルである大鳥居。実は柱が地中に埋まっているのではなく、自分の重さだけで立っている。明治8年（1875）の再建。

### ❺ 高舞台 [国宝]
たかぶたい

御本社の拝殿正面にある舞台。陵王・振鉾・太平楽など約20曲の舞楽が今も嚴島神社に伝承されており、大阪の四天王寺・住吉大社の石舞台とともに日本三舞台ともいわれている。

※2024年7月現在、高舞台は修理工事中

順路が設けられた境内は一方通行です。後戻りができないので、順路に沿ってじっくりゆっくり参拝しましょう。

# 知っているともっと楽しい
# 嚴島神社の豆知識

海に浮かんだような神秘的な姿が人々を魅了する嚴島神社。
建物や境内の豆知識を知ればもっと見学が楽しくなります。

## 豆知識1
## 大鳥居は自らの重みで立っています

高さ16m、重さ約60tの大鳥居。実はこの鳥居、計6本の柱は根元が海底に埋められているのではなく、自らの重みで立っている。棟下の箱型の笠木や島木の中に鳥居がバランスをとるための石が詰め込まれるなど、安定を保つための工夫が凝らされているのだ。ちなみに現在の大鳥居は明治時代の再建だが、この主柱には樹齢500年以上のクスノキを使用。巨木探しに約20年の歳月を要した。

高さは奈良の大仏とほぼ同じ大きさ。間近で見ると迫力満点！

### 補足豆知識
### 大鳥居の笠木と扁額に隠された意味とは!?

大鳥居の笠木の端の部分にはそれぞれ太陽と三日月のマークが。これは陰と陽を表しているといわれている。また、陸側と沖側とで扁額の表記が異なるのにも注目を。

笠木には、東側に太陽、西側に三日月のマークが

陸側（社殿側）は「伊都岐島神社」、沖側は「嚴嶋神社」

1 床板の隙間にも意味があるんです！ 2 祓殿の波よけにも注目したい

## 豆知識2
## 高潮や波に耐える工夫があちこちに！

海上に建てられた神社には、水害に耐えるための工夫があちこちに施されている。平舞台や祓殿が波を弱めて本社を守る役目を果たしている。また、廻廊と平舞台の床板を見ると、板と板の間には隙間がある。これは潮が高い時や台風時に床下から押し上げてくる海水の圧力を弱めるだけでなく、廻廊に上がった海水を流す役目もある。

大鳥居の写真撮影はココで！
ベストショットを狙うなら嚴島神社入口手前の御笠浜（**MAP** P25）、神社内なら平舞台先の火焼前（写真右**MAP** P25）がおすすめ。人が多いのでマナーを守って撮影を。

## 豆知識3
## 満潮と干潮で景色が全然違います！

潮の満ち引きで景色がまったく異なるのも、嚴島神社の大きな特徴。満潮時は青い海に浮かぶ大鳥居と社殿の優美な姿を拝観でき、干潮時は鳥居の根元まで歩いていき、建築構造をしっかりと見ることができる。1日滞在すれば両方の景色が見られる。宮島観光協会のサイトに潮汐表があるので旅行前にチェックしておこう。

**宮島観光協会年間潮汐表 URL**
www.miyajima.or.jp/sio/sio01.html

満潮時
海に立つ神秘的な姿は満潮時のお楽しみ

干潮時
干潮時には社殿や大鳥居の根元まではっきり見える

### 補足豆知識
### 干潮時のみ出現する「鏡池」って何!?

干潮時に砂浜に丸く現れる池。砂浜から水が湧き出しているため見られる光景で、境内3カ所にある。客神社脇の鏡池に映る秋の満月は、厳島八景の一つ「鏡池秋月」と称され、昔の和歌や俳句にも詠まれている。

## 豆知識4
## 隠された"8"の謎とはいったい!?

境内には"8"という数が随所にちりばめられている。
● 大鳥居までの距離は平舞台の先端から88間（約160m）、拝殿からは108間（約195m）あるとされる。
● 柱と柱の間は8尺（約2.4m）、その間の床板は8枚。
このように"8"という数にこだわるのは、8を神聖な数とする仏教の影響からという説もある（ただしあくまでも説であり根拠はない）。

平舞台の先端から大鳥居までの距離は88間

柱と柱の間は8尺、その間の床板は8枚

御笠浜対岸の西松原（**MAP** P25）から望む大鳥居も素敵。ドラマ『坂の上の雲』のロケ地にも使われました。

# 友達に自慢しちゃいましょう！
# 嚴島神社&周辺で素敵な体験

嚴島神社をダイナミックに楽しむなら遊覧船やカヤックはいかが？
また、雅な古典芸能やイベントでは、嚴島神社の魅力をより堪能できます。

船上から嚴島神社をゆったり眺めよう

夜の幻想的な雰囲気のなか、海上からの景色を楽しもう

## 海上から眺めてみませんか？

海上から大鳥居や社殿を眺めよう。青い海と嚴島神社のコントラストは必見。遊覧船やカヤックの利用がおすすめ。

**所要 約30分**

みやじまさんぱいゆうらん
### 宮島参拝遊覧

夕暮れどきから、遊覧船に乗って夜の嚴島神社を満喫できる。

☎0829-44-0888（アクアネット広島宮島事務所）🏠廿日市市宮島3号桟橋 ¥乗船1600円 ⏰17時55分発～21時15分発まで40分ごと全6便（要予約）休無休（管絃祭は休み）🚶乗船場は宮島桟橋の東隣 Pなし MAP P48B2

🚩 いざ乗船！

屋形船型の遊覧船に乗船
運航は夕方から。気候がよくても海上は少し肌寒いので、上着の備えがあるとベター。

大鳥居に接近！
船が少しずつ嚴島神社の本殿の正面へ近づきます。

夜の嚴島神社も素敵！
昼の姿とはひと味違う眺めを堪能しつつ、船は港に戻ります。

---

ろかいぶね
**所要 約20分**
### 櫓櫂船

#### 雰囲気満点のレトロな船旅

櫓と櫂だけでのんびり進む昔ながらの手漕ぎ船で、エンジン音のない静かな船旅が楽しめる。

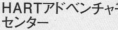

☎0829-78-1419（宮島遊覧観光）🏠廿日市市宮島町御笠浜 ¥1500円 ⏰公式HPを確認 休公式HPを確認、雨や強風時は運休 🚶乗船場へは宮島桟橋から徒歩10分 Pなし MAP P48B3

🌸コチラもおすすめ🌸

はーとあどべんちゃーせんたー
**所要 プランにより異なる**
### HARTアドベンチャーセンター

#### カヤックを漕いで大鳥居に接近！

2人乗りのシーカヤックに乗って海上散歩が楽しめる。要予約。

☎090-4149-3541 🏠廿日市市宮島町南大西町58宮島町家すみれぐさ ¥6000円～（プランによる）⏰予約受付9～19時（メールでの問合せ&予約は時間外でも可能）、ツアー時期は潮位により異なる 休不定休 🚶乗船場へは宮島桟橋から徒歩20分 Pなし MAP P48A4

# 古典芸能&イベントで平安時代にタイムスリップ!

平清盛により始められたという古典芸能や平安絵巻さながらの行列など、雅な時間を満喫できる神事やイベントをご紹介。

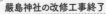

## 嚴島神社の改修工事終了

2019年6月から2022年12月まで屋根の葺き替えや部分修理が行われていた。この3年半にわたる「令和の大改修」で、大鳥居は鮮やかな色に蘇り一段とその存在感が増した。

撮影:新谷孝一

### ぶがく
## 舞楽

古式ゆかしい伝統芸能の奉奏を鑑賞

平安時代、平清盛により大阪・四天王寺から嚴島神社に伝えられたとされる、雅楽による舞踊。『陵王』『納曽利』など約20曲が現在も残り、年間約10の神事で奉奏される。海と大鳥居をバックに披露される舞は一見の価値あり。

* ÷ 開催日時:宮島観光協会サイトに詳細あり www.miyajima.or.jp/
* ÷ 会場:嚴島神社など
* ÷ 料金:鑑賞無料(昇殿料300円別途)
* ☎0829-44-2020(嚴島神社)
* MAP P48B3

### かんげんさい
## 管絃祭

嚴島神社で最も盛大な祭り。都で貴族が池や川に船を浮かべて遊んだ「管絃の遊び」を、平清盛が神事として嚴島神社で行うようになったのが始まり。海上で平安絵巻さながらの雅な儀式が繰り広げられる。

清盛が始めた雅な貴族の祭り

* ÷ 開催日時:旧暦6月17日(詳細は公式HPで通知)
* ÷ 会場:嚴島神社および周辺
* ÷ 料金:拝観無料(昇殿料300円別途、船上鑑賞の場合は有料、予約制)
* ☎0829-44-2020(嚴島神社)、船上鑑賞の予約は☎0829-44-2011(宮島観光協会)
* MAP P48B3

撮影:新谷孝一

* ÷ 開催日時:4月16〜18日(桃花祭御神能)
* ÷ 会場:嚴島神社能舞台
* ÷ 料金:鑑賞無料(昇殿料300円別途)
* ☎0829-44-2020(嚴島神社)
* MAP P48B3

### しんのう
## 神能

弘治元年(1555)、嚴島合戦で陶晴賢軍に勝利した毛利元就によって、永禄6年(1563)から能が奉納された。現在も「桃花祭御神能」として、毎年4月16〜18日の3日間にわたって、今では非常に珍しい「五番立」で能舞台にて行われる。

毛利元就が能を奉納した

宮島を発展させた清盛を偲ぶ

### みやじまきよもりまつり
## 宮島清盛まつり

嚴島神社の社殿を造営し、宮島の発展の礎を築いた平清盛を偲ぶ祭り。平家一門が嚴島神社を参拝する行列をモチーフに、平安衣装を身にまとった稚児や白拍子、武将、琵琶法師などが行列して嚴島神社を目指す。

* ÷ 開催日時:例年3月20日前後
* ÷ 会場:宮島桟橋前広場、嚴島神社、清盛神社など
* ÷ 料金:鑑賞無料
* ☎0829-44-2011(宮島清盛まつり実行委員会/宮島観光協会)
* MAP P48A3

嚴島神社は参拝者が少ない早朝の参拝もおすすめ。凛とした空気に包まれ、朝日を受けて輝く朱色の社殿は荘厳な雰囲気です。

# 平安末期に活躍した武将
# 平清盛が築いた嚴島神社

海に立つ鳥居や壮麗な社殿で知られる世界文化遺産・嚴島神社。
創建は約1400年前ですが、現在の独特の様式を造ったのは平清盛です。

## 平清盛と嚴島神社の深いつながり

お告げを受けて嚴島神社を信仰し、大改築に心血を注いだ清盛。
平家の守護神として崇め、神社とつながりを深めながら文化も花開かせました。

### 平清盛の出世は
### 嚴島神社が導いた!?

平家物語によると、安芸守だった清盛は、落雷で消失していた高野山金剛峰寺の「根本大塔」を数年かけて再建。修理を終えたとき、どこからともなく現れた老僧から「嚴島神社を修造すれば必ずや位階を極めるであろう」とお告げを受ける。老僧の去った後にはよい香りが残り、「老僧はもしや弘法大師では？」と感じた清盛は嚴島神社を信仰。その後、武士として初めて太政大臣となる大出世を果たし、嚴島神社の大改築に着手。鳥居を建て替え、寝殿造の優美な社殿、廻廊などを造った。

平家の栄華を今に伝える壮麗な社殿。
海中の大鳥居とともに潮の満ち引きを計算した造り

### 清盛が広め、今も残る
### 京の都の雅な文化

清盛による見事な造営の後、平家一門の御利益にあやかろうと嚴島詣でが流行、皇族や貴族も訪れるようになる。清盛は大阪の四天王寺から嚴島神社に舞楽を伝え、貴族の遊びである「管絃の遊び」を神事として行うなど、都の文化を伝えた。これらは今も行事として残っている。また、平家納経（国宝）をはじめ、甲冑などの貴重な美術工芸品も納めた。

海から参拝する神秘の神域
島全体が神と崇められていたため、陸地では恐れ多いと潮の満ち引きする場所に建てられた社殿は、平安時代末期の貴族の邸宅に用いられた寝殿造に修造された。

撮影：新谷孝一
都の文化が嚴島神社に
舞楽は、元は朝廷の式楽だったが、清盛によって大阪四天王寺から嚴島神社に伝えられた。今も『陵王』『納曽利』など約20曲が神事で奉奏される。
**DATA** P29(舞楽)参照

海を舞台にした平安絵巻
貴族が池や川に船を浮べて遊んだ「管絃の遊び」を、清盛は神様を慰める祭りとして行うように。現在、日本三大船神事の一つであり、御座船の上で奏される管絃とかがり火が幻想的。
**DATA** P29(管絃祭)参照

{ 嚴島神社周辺にある清盛ゆかりのスポット }

嚴島神社参拝の後は、周辺の清盛ゆかりのスポット巡りがオススメ。
国宝中の国宝といわれる平家納経を見学できる施設など盛りだくさん！

## いつくしまじんじゃほうもつかん
## 嚴島神社宝物館

### 平家ゆかりのお宝がたくさん！

平家一門をはじめ、崇敬者たちが奉納した貴重な美術
工芸品を収蔵・展示している。国宝中の国宝ともいわれ
る豪華な装飾の平家納経は複製であるが、一部を展示
しているので必見だ。

☎0829-44-2020
（嚴島神社）🏠廿日
市市宮島町1
¥３００円 🕐8〜
17時 休無休
交宮島桟橋から徒
歩15分 Pなし
MAP P48B4

## きよもりじんじゃ
## 清盛神社

### 清盛の偉業を讃える神社

平清盛没後770年を記念して昭和29年（1954）に建
立された、清盛を祭神とする神社。西松原といわれる突
堤に、朱塗りの鳥居とこぢん
まりとした社がある。毎年、命
日である3月20日には、清盛
の遺徳を偲ぶ「清盛神社祭」
が行われる。

☎0829-44-2020（嚴島神社）
🏠廿日市市宮島町西の松原
¥境内自由 交宮島桟橋から
徒歩20分 Pなし
MAP P48A3

## きよもりづか
## 清盛塚

### 清盛が平家一族の繁栄をここに祈願

一族の繁栄を願い、清盛が経典の一文字を小石に1つ
ずつ書いた一字一石経を埋めたとされる場所。大鳥居
を見下ろす丘の上にあり、灯
籠が立っている。昭和19年
（1944）に一部が発掘され、
銅製の経筒や刀片などが発
見された。

☎0829-44-2011（宮島観光協
会）🏠廿日市市宮島町経ノ尾
¥見学自由 交宮島桟橋から
徒歩25分 Pなし
MAP P48A4

※清盛塚へのアクセスは階段が急なため注意

## にいどのとうろう
## 二位殿燈籠

### 清盛の妻・二位の尼を偲ぶ石燈籠

壇ノ浦の合戦で平家の負けを悟った二位の尼は、幼い
安徳天皇を抱いて入水。その遺体が流れ着いたとい
われるのが宮島・有の浦
（宮島桟橋から嚴島神社に
かけての浜辺）。海岸通りに
は、この二位の尼を偲ぶ大
きな石の燈籠が立っている。

☎0829-44-2011（宮島観光協
会）🏠廿日市市宮島町有の浦
¥見学自由 交宮島桟橋か
ら徒歩10分 Pなし
MAP P48B3

# 世界遺産・弥山ハイキングで神秘のパワーをチャージ

厳島神社とともに、古くから篤い信仰を集めてきた弥山。
大自然と神秘のパワーを感じられるハイキングを楽しみましょう。

## 弥山（みせん）って？ 世界遺産

### 原始林に囲まれたスピリチュアルスポット

大同元年（806）、弘法大師（空海）の開山以来、山岳信仰の霊峰として崇められてきた。自然のなかに史跡や奇岩怪石などが点在、すばらしい瀬戸内海の多島美も望める。平成8年（1996）には弥山原始林が厳島神社とともに世界文化遺産に登録。最近では恋のパワースポットとしても注目されている。

**アクセス**
宮島ロープウエー紅葉谷駅までは宮島桟橋から徒歩25分（紅葉谷公園入口から無料送迎バスあり）

**問合せ**
宮島観光協会☎0829-44-2011
MAP P48C1

**ココミル 弥山原始林（みせんげんしりん）**
厳島神社の神域とされ、手つかずの自然が残る。厳島神社の建築美と弥山原始林の自然美の調和が高い評価を受けて、世界文化遺産に登録された。

▲瀬戸内海の絶景を望めるのも弥山ハイキングの魅力

**恋のパワスポ 誓いの火**
2人でモニュメントの火を灯すと、より絆が深まるのだとか。

## 弥山ハイキング3コース

**初級**
**宮島ロープウエー→獅子岩駅まで**
所要 往復約1時間
宮島ロープウエーで獅子岩駅まで。駅からすぐの獅子岩展望台からの絶景を楽しんで戻ってくる、いちばんお手軽なコース。

**中級**
**宮島ロープウエー→弥山山頂まで**
所要 往復約2時間
獅子岩駅から約30分歩いて弥山山頂へ向かう標準コース。みどころがたくさんあり、眺望もよいので楽しみながら歩ける。

**上級**
**麓から山頂までトレッキング**
所要 往復約5時間
体力に自信のある人なら、麓から歩いて弥山山頂へ行ける。整備された3つのトレッキングコースがあり、片道2時間前後が目安。

**宮島ロープウエー（みやじまろーぷうえー）**
☎0829-44-0316（宮島ロープウエー）住廿日市市宮島町紅葉谷公園内 ¥往復2000円、片道1100円 9〜16時 無休（年2回の定期点検および荒天時は運休）交紅葉谷駅までは宮島桟橋から徒歩25分（紅葉谷公園入口から無料送迎バスあり）Pなし MAP P48C4

## 1 獅子岩展望台（ししいわてんぼうだい）

### 瀬戸内海を望む爽快なパノラマビュー

獅子岩駅からすぐ、瀬戸内海の多島美を望む展望台。天気のよい日には、広島市や呉市、江田島方面も見渡せる。獅子岩駅にはカップルに人気の「誓いの火」もある。

☎0829-44-0316（宮島ロープウエー）MAP P48C1

▲絶好の記念撮影スポット

**中級コースガイド 所要2時間**

| スタート | ① | ② | ③ | ④ | ⑤ | ゴール |
|---|---|---|---|---|---|---|
| 紅葉谷駅 | 獅子岩展望台 | 霊火堂 | くぐり岩 | 弥山山頂 | 干満岩 | 紅葉谷駅 |
| | 宮島ロープウエーで獅子岩駅下車すぐ | 徒歩20分 | 徒歩9分 | 徒歩3分 | 徒歩5分 | 徒歩30分＋獅子岩駅から宮島ロープウエーで14分 |

恋の
パワスポ

## 2 霊火堂
れいかどう

### 消えずの火のように
### 2人の愛も消えないかも？

弘法大師（空海）の修行から、1200年もの長い年月を受け継いできた「消えずの火」がある。平和記念公園にある「平和の灯」の元火の一つでもあり、その火で焚かれた大茶釜の霊水を飲むと万病に効くのだとか。想いが深まるスポットとして「恋人の聖地」にも認定されている。

☎0829-44-0111（大本山 大聖院）⏰8〜17時 休無休

▲柄杓とコップがあり、大茶釜の霊水がいただける

▲霊火堂前には弘法大師修行の地に建つ弥山本堂があり本尊虚空蔵菩薩を祀る

### 願いを叶えるハート型の絵馬

恋人の聖地である霊火堂ではハート型の絵馬が奉納できます。ここの消えずの火の煙に燻されると願いが叶うという噂が広まり、たくさんの絵馬が奉納されています。

愛の
ねがい

▶大自然が生み出した造形美をしばし観察
▼くぐり岩近くの不動岩には不動明王を安置

## 3 くぐり岩
くぐりいわ

### 自然のパワーを感じる大岩でできたアーチ

ゴツゴツした岩場をしばらく歩き、不動岩を過ぎるとすぐに見えてくる、巨岩が積み重なってできた天然のアーチ。大自然のパワーが感じられ、見るものを圧倒する迫力がある。くぐり岩を通り抜けると山頂まではすぐ。

徒歩9分

徒歩3分

徒歩20分

## 4 弥山山頂
みせんさんちょう

### 海や島が見渡せる雄大な眺めに気分爽快

神が鎮座するとされる盤座岩がある、標高535mの山頂。3階建ての弥山展望台からは遮るものが何もない360度のパノラマビューを堪能できる。瀬戸内海に点在する島々を一望でき、見晴らしのよい日は四国連山も望める。

◀山頂では瀬戸内海の多島美を楽しもう
▼展望台には休憩できるスペースもある

徒歩5分

## 5 干満岩
かんまんいわ

### 穴の水の量が変化する
### ミステリアスな奇岩

丸く開いた穴に塩分を含んだ水が溜まっている不思議な巨岩。海抜500m以上の所にあるにもかかわらず、穴の水は海の満潮時には増え、干潮時には減っていくという。現在も科学的な立証はされていない、弥山七不思議の一つ。

▲岩の側面には水が溢れた跡が見える

▶のぞくと潮の満ち引きがわかるといわれる

弥山山頂④ ③くぐり岩
紅葉谷公園へ
（紅葉谷コース）
榧谷駅、紅葉谷駅へ
弥山展望台
文殊堂
観音堂
宮島ロープウエー
干満岩⑤ 不動岩 三鬼堂
鐘楼
大聖院
（大聖院コース） 大日堂
獅子岩駅
②霊火堂
仁王門
弥山本堂
大元公園へ
（大元コース） 奥の院へ
御山神社へ
獅子岩展望台①

道は整備されていますが、山頂に近くなるほど岩が多くなります。体温調節ができる服装と歩きやすい靴で行くのがおすすめです。

# 甘く香ばしい香りに誘われて
# 名物・あなごめしを堪能しましょう

宮島の名物グルメといえばあなごめし。創業100年を越える老舗など
おすすめの名店をピックアップしてご紹介します。

**あなごめし上 2800円**
ご飯もアナゴの頭からとっただ
しで炊く。アナゴは口の中で
とろけるよう

## あなごめし うえの
あなごめし うえの

### 宮島のあなごめし発祥店で堪能

先代があなごめしを駅弁として売り始
めた、あなごめしの元祖とされる老舗。
素焼きの後、秘伝の甘辛ダレで香ばし
く重ね焼きされたアナゴは、余分な脂が
落ちて上品な味わい。あなごめし弁当
2700円は、冷めてもおいしい。

☎0829-56-0006 住廿日市市宮島口1-5-11
🕙10〜19時(水曜は〜18時、弁当販売は9時〜)
※売り切れ次第終了 休無休 交JR宮島口駅から
徒歩3分 P5台 MAP P48A1

宮島への玄関口・宮島口に立つ店。
2階は懐石が味わえる姉妹店

**これも おすすめ!**

**白焼き 1760円**
皮はパリッ、中はふわっと
した食感で絶品のうまさ。
わさびと岩塩で味わう

### なぜ宮島であなごめし?

昔から近海で脂ののったアナゴがとれること
で有名だった宮島。明治34年(1901)に
「あなごめし うえの」が旧宮嶋駅(現在の宮
島口駅)の駅弁として販売したのが始まり。

---

## ふじたや
ふじたや

### 天然アナゴを伝統のタレで

不漁の時は臨時休業することもあるほ
ど、天然アナゴにこだわる名店。継ぎ足
しながら3週間以上寝かせた秘伝のタレ
をつけ、2度、3度と焼き上げる。ほどよく
甘みを残したタレがアナゴのうま味と調
和して上品な味わいだ。

☎0829-44-0151 住廿日市市宮島町125-2
🕙11〜17時 休不定休 交宮島桟橋から徒歩15
分 P2台 MAP P48B4

**これも おすすめ!**

**あなご肝 800円**
濃厚なアナゴの肝は一度
食べたらハマる人続出!
ぜひご賞味あれ

嚴島神社宝物館の裏手に立つ

**あなごめし 3000円**
創業時から変わらない、せ
いろで蒸す白ご飯もアナゴ
と好相性で評判がよい

## おみやげにおすすめ あなご竹輪

アナゴにちなんだおみやげとして人気なのが、出野水産のあなご竹輪4本入り1250円。ちくわの中にたっぷりのアナゴを練り込んだ逸品。JR宮島口駅や広島駅売店などで販売。
☎082-278-1614(出野水産)

---

### いなちゅう
# いな忠

## 宮島名物のアナゴ&カキを食す

あなごめしの持ち帰り弁当を島内で最初に販売したのがこの店。表参道商店街にあり、店頭にはいつもアナゴを焼く香ばしい香りが漂う。近海でとれたアナゴを使用するアナゴ料理のほか、宮島のカキを使った料理も豊富に揃う。
☎0829-44-0125 住廿日市市宮島町507-2 時10時30分～14時45分 休木曜 交宮島桟橋から徒歩7分 Pなし MAP P48B3

**あなごめし　2500円**
香ばしいアナゴは身の締まりが抜群。アナゴのだしで炊くもち米入り飯も味わい深い

これもおすすめ！
**カキのから揚げ 1600円**
宮島産のカキを使用。外はカリカリ、中はジューシーで濃厚なうま味が感じられる

レトロなたたずまい。居心地のよい店内

---

### おしょくじどころ うめやま
# お食事処 梅山

## アナゴ2匹をまるごと使う

創業100年を越えるアナゴとカキ料理の専門店。近隣で水揚げされた上質な2匹分のアナゴをご飯の上にぎっしり敷き詰めたあなご丼が名物。アナゴの身の厚くぷりぷりした食感に箸がすすむ。そのほか、かき丼1400円などのカキ料理も。
☎0829-44-0313 住廿日市市宮島町844-1 時10～17時 休不定休 交宮島桟橋から徒歩5分 Pなし MAP P48B3

**あなご丼　1980円**
アナゴがぎっしりと盛り付けられている。わかめの吸い物、漬物付き

これもおすすめ！
**にし貝つぼ焼き 1580円**
宮島でもなかなか味わえないという「にし貝」。お酒のアテにどうぞ

表参道商店街の入口付近に立つ

---

📖 冷めてもおいしいあなごめし。弁当を買って、紅葉谷公園(P23)で青空ランチするのもおすすめです。

# しっかり食べる？サクッと食べる？ ぷりっぷりの宮島のカキ

宮島名物として欠かせないのがカキ。宮島のカキは甘みが強く大ぶり。
本格料理からお手軽なテイクアウトまで、さまざまに楽しめます。

## かきや
## 牡蠣屋

**大迫力の炎で焼くカキは絶品！**

宮島で40年以上カキを焼き続ける職人が開いたカキ専門店。鮮度抜群のカキを強火で豪快に焼いた自慢の焼きガキは、濃厚な味わいで磯の塩味だけでも十分なおいしさ。さまざまな方法で調理されたカキを白ワインや日本酒などのお酒とともに楽しめる。同店の人気メニューを集めた牡蠣屋定食2600円はカキフライやかきめしなど7種類のカキ料理を味わえるお得なセット。牡蠣のオイル漬けや佃煮は購入も可能なのでおみやげとして持ち帰るのもおすすめ。

☎0829-44-2747 🏠廿日市市宮島町539 🕐10〜18時（売り切れ次第閉店）🚫不定休 🚋宮島桟橋から徒歩7分 🅿なし MAP P48B3

焼きガキ、カキフライ、かきめし、牡蠣屋のオイル漬け、牡蠣の味噌汁、牡蠣屋ドレッシングのサラダ、牡蠣屋の佃煮がセットになった牡蠣屋定食はボリューム満点。

店内は白と黒を基調にしたモダンな造り

### 宮島のカキとは？
太田川や宮島の原生林から栄養素が流れ込み、植物プランクトンが多い宮島近海は、カキの養殖に最適。大粒で甘みが強く、ミネラル豊富なカキを一年中食べられる。

もう一皿

11〜3月には期間限定で生ガキを提供。生ガキ盛り合わせ4個1800円

**〈こんなメニューも〉**
かきうどん　1280円
かきフライカレー　1680円
かきフライ　1750円

もう一皿

かき丼1650円。カキととろ〜り玉子が絶妙

一年中最高鮮度のカキが味わえる。生がき4個1600円

## やきがきのはやし
## 焼がきのはやし

**焼きと生で年中カキが味わえる**

創業70年以上を誇る「焼がき」発祥の店で、多彩なカキ料理やアナゴ料理が楽しめる。店頭で焼き上げる看板メニューの焼きがき3個1400円はプリプリしたはちきれそうな大きな身が魅力。

☎0829-44-0335 🏠廿日市市宮島町505-1 🕐10時30分〜16時30分LO 🚫水曜（祝日の場合は前日または翌日）🚋宮島桟橋から徒歩8分 🅿なし MAP P48B3

## カキ好きにはたまらない カキづくしのお祭り

カキを多彩な格安メニューで楽しめ、直売もある人気の「宮島かき祭り」。カキがいちばんおいしくなる2月第2土・日曜に宮島桟橋周辺で開催予定。
☎0829-44-2011(宮島観光協会)
MAP P48B2

---

おこのみやき くらわんか
## お好み焼き くらわんか
### 広島名物と宮島名物の絶妙コラボ

宮島のカキなどを使ってアレンジするお好み焼きや鉄板焼が食べられる店。名物の広島風くらわんか焼き900円にはカキやホタテなどのトッピングができる。入口の大きな杓子が目印。

☎0829-44-2077 廿日市市宮島町甲589-5
⏰11〜16時 ⏸不定休 🚃宮島桟橋から徒歩6分 Ｐなし MAP P48B3

カウンター席からは目の前で焼き上げられる様子が楽しめる

《こんなメニューも》
かき焼き ぽん酢(5粒) 700円
ホタテ貝の鉄板焼き(6個) 700円
広島風くらわんか焼き(チーズ入り) 1100円

もう一皿

鉄板で一気に焼いたかきの鉄板焼き(5粒)700円

大粒カキがゴロリと入った広島風くらわんか焼き(かき入り)1600円

---

ぺったらぽったらほんぽ
## ぺったらぽったら本舗
### おやつ感覚で宮島名物が楽しめる

もち米を揚げてから、甘辛醤油ダレを塗り炭火で焼き上げた「ぺったらぽったら」を販売。カキのせとアナゴ入りの2種類があり、外はカリカリ、中はもちっとした新食感が人気。

☎0829-44-2075 廿日市市宮島町北之町浜1183-2 ⏰10〜16時ごろ ⏸不定休 🚃宮島桟橋から徒歩5分 Ｐなし MAP P48B3

焼き上がるまでは店員さんとお喋りを

カキが1粒のるぺったらぽったらは1個400円

店頭からは食欲をそそるいい香りが

---

冬期は宮島以外にも広島市、呉などの沿岸地域でカキ祭りを開催。「ひろしまオイスターロード」も登場します(P57)。

# おさんぽ途中に立ち寄りたい
# 素敵な宮島カフェ5軒

昔の建物を生かしたカフェや大鳥居を望むカフェなど、
宮島には居心地のいい和みカフェがたくさんあります。

## 牡蠣祝
かきわい

### 本当は秘密にしたい
### 瀬戸内海の大パノラマ

牡蠣屋が高台の古民家を改装。店内はガ
ラス張りで、全席から遮るものなく眺めら
れる瀬戸内海の景色は感動必至。洗練さ
れたスイーツなどで優雅な時間を楽しめ
る。※10歳未満入店不可

☎なし 📍廿日市市宮島町422 🕐12〜16時LO
💺不定休 🚶宮島桟橋から徒歩15分 🅿なし
MAP P48B3

❶古民家の風情が感じられる店内。どこか
らでも景色が楽しめる ❷壁や囲いのない
テラスが特等席 ※テラスは季節・天気によ
り使用できない場合あり ❸クリームチーズ
とヨーグルトにレモンを合わせた自家製ケ
ーキはワインと好相性

ケーキとワインの
セットA
（広島レモンレアチー
ズケーキと白ワイン）
1850円

## スターバックス コーヒー
すたーばっくす こーひー
いつくしまおもてさんどうてん

## 厳島表参道店

### 開放感あふれるテラス席で
### カフェメニューを気軽に

地域密着で展開するスターバックスが宮島
にも。表参道商店街内にあり、店内の杓子
のディスプレイがユニーク。窓側からは時
間帯によって表情を変える瀬戸内海が見
渡せる。☎0829-40-2205 📍廿日市市宮島町
459-2 🕐9〜20時 💺不定休 🚶宮島桟橋から徒
歩8分 🅿なし MAP P48B3

スターバックス ラテ
ショートサイズ
455円（店内）
チョコレートチャンク
スコーン
310円（店内）

❶定番のラテとスコーンもこの場所なら格別
の味わい。コーヒーとスイーツのカップリング
を楽しんで ❷瀬戸内海に向けて配置された
チェアが特等席 ❸バルコニーから大鳥居が
見える

### さらすう゛ぁてぃ
# sarasvati
## こだわりの自家焙煎コーヒーを

「カフェである以上、本当においしいコーヒーを供したい」と言う店主こだわりの自家焙煎珈琲600円が人気のカフェ。焙煎機は広島県で初めて導入されたローリングスマートロースター。ひと手間を惜しまない丁寧な仕事ぶりにファンも数多い。

☎なし 🏠廿日市市宮島町407 🕘9時30分～18時 休無休 🚉宮島桟橋から徒歩9分 Pなし MAP P48B3

おみやげなら

**ブレンド豆 200g990円**
カフェで飲むような本格的なコーヒーを自宅でも楽しめる

「ドリップコーヒー単品600円」

❶店内にはコーヒーの香りが漂う ❷ケーキセット（ドリンクにプラス550円）ならバランスのよいブレンドNo.2がおすすめ ❸大正時代の倉庫をリノベーションした店内はスタイリッシュな雰囲気

宮島 ● 素敵な宮島カフェ5軒

---

手作りの紅茶シフォンケーキセット 900円

❶柱時計もある店内には中庭からやさしい光が差し込む ❷ふわふわ食感が魅力のシフォンケーキは店で毎日手作りされている

### ぎゃらりぃみやさと
# ぎゃらりぃ宮郷
## 静かに時を刻むレトロカフェ

築250年の杓子問屋をリノベーションした和の温かみあふれる茶房。お茶やケーキでほっこりと過ごせると人気。ギャラリーと和小物の雑貨店も併設しており、ギャラリーでは作家の個展などを開催している。

☎0829-44-2608 🏠廿日市市宮島町家通り 🕘10～18時 休水曜 🚉宮島桟橋から徒歩8分 Pなし MAP P48B3

雑貨販売も

**針山 各1200円**
丸いフォルムと鮮やかな色合いがかわいい。お裁縫が楽しくなりそう！

---

### かふぇ はやしや
# CAFE HAYASHIYA
## 地場食材のメニューがたくさん

広島をはじめ、近郊のエリアから取り寄せた素材を中心に用いたランチ＆カフェメニューが評判。カフェの一角には、オリジナルの鹿グッズを扱う雑貨販売スペースもスタンバイ。ショッピングだけの利用もOK！ ☎080-1932-0335 🏠廿日市市宮島町町家通り504-5 🕘11時30分～17時（16時20分LO）休水曜、火曜不定休 🚉宮島桟橋から徒歩8分 Pなし MAP P48B3

tea'sパフェ 1630円

雑貨販売も

**オリジナルマスキングテープ420円**
レモン柄、モジ柄など複数のポップなイラストがとってもキュート！

❶ジェラートと自家製グラノーラを使用。3種のお茶の風味が楽しめる ❷スタイリッシュな雰囲気のフロア

---

📖 町家通りを紹介したMAP「町家通り案内図」が、宮島旅客ターミナル内の宮島観光案内所や町家通りの店で無料配布されています。

# おやつにもおみやげにも、もみじまんじゅう大集合！

広島みやげとして大人気のもみじまんじゅうは、実は宮島が発祥の地。
製造・販売店が多いため、焼きたてが味わえたり、製造の様子も楽しめます。

---

### 🏪🉐 みやとよ ほんてん
## ミヤトヨ本店

**チーズもみじ発祥の店はこちら**

創業からの手焼き製法を守りつつ、斬新な商品を生み出す店。全国菓子大博覧会では、内閣総理大臣賞も受賞しており、チーズ味が人気。

☎0829-44-0148 廿日市市宮島町854-1 ◯9〜17時 休不定休 🚃宮島桟橋から徒歩4分 🅿なし MAP P48B2

看板の上にある大きな杓子が目印

**ベルギーチョコ**
1個150円
混ぜ物なし、風味抜群のチョコがまるごと入る

人気

**チーズ**
1個130円
大きな固形チーズがドンと入る。軽く温めて食べるのもおすすめ

変わりダネ

定番

人気

**つぶもみじ**
1個120円
つぶ餡入りの元祖。甘さ控えめで小豆の味がしっかり楽しめる

**こしあん**
1個120円
さっぱりした後味の餡となめらかな生地が虜になるおいしさ

---

### 🏪🍵🉐 いわむらもみじや
## 岩村もみじ屋

**丹精込めた自慢の餡で勝負**

グルメサイト上位常連店。手作りにこだわり、大量生産できないので完売することも。取り置きも可能なので事前予約がおすすめ！

☎0829-44-0207 廿日市市宮島町304-1 ◯10時30分〜17時 休不定休 🚃宮島桟橋から徒歩15分 🅿なし MAP P48B4

厳島神社の裏通りに立つ、素朴な店構えの店舗

---

### 🏪 ふじいや ほんてん
## 藤い屋 本店

**伝統と新しさがコラボ**

大正14年（1925）創業。老舗の味を守りながら、こだわりのもみじまんじゅうも考案。広いイートインスペースも併設している。

☎0829-44-2221 廿日市市宮島町1129 ◯9時30分〜17時※要問合せ 休無休 🚃宮島桟橋から徒歩7分 🅿なし MAP P48B3

イートインスペースもある

**こしあん**
1個130円
変わらない伝統の味は上品な甘さの餡とふんわり生地が特徴

**いろはもみじ**
2個520円
大納言小豆（左）とうぐいす豆（右）を、砂糖と寒天でモミジ型に固めた逸品

人気

定番

---

🏪店頭に焼きたてが並ぶ 🍵お茶サービスあり 🉐宮島にしかない店

## もみじまんじゅうと合わせてゲット

多彩なバリエーションのもみじまんじゅうを販売するやまだ屋では、桐葉菓1個160円も人気がある。モチモチ食感のもち粉の生地とこだわりのつぶ餡がクセになるおいしさ！

---

定番

### こしあん
**1個130円**
小豆の外皮をむいて炊き上げた繊細なさらし餡が絶妙

変わりダネ

### チーズクリームもみじ
**1個150円**
チーズクリームの入った洋風のもみじまんじゅう

表参道商店街の入口に立つ人気店

---

P102も見てね

やまだや みやじまほんてん
## やまだ屋 宮島本店

### 伝統の味が魅力

全国菓子博覧会などで数多くの受賞歴がある実力店。昔ながらの伝統の味を大切にしたもみじまんじゅうはバラエティ豊富。

☎0829-44-0511 🏠廿日市市宮島町835-1 🕐9～18時 🚫無休 🚉宮島桟橋から徒歩5分 🅿なし MAP P48B3

---

変わりダネ　登録商標
### 揚げもみじ
**1個200円**
あんこ、クリーム、チーズ、瀬戸内レモンの4種。アツアツサクサク！

---

🍡🍵🛍
きむらや ほんてん
## 木村家 本店

### 変わらぬ製法を守る老舗

生地をやわらかくするための乳化剤を一切使わない、ほどよい弾力のもっちりとした生地が特徴。ガラス越しに製造工程を見ることもできる。

☎0829-44-0211 🏠廿日市市宮島町844-1 🕐9時30分～売り切れ次第終了 🚫不定休 🚉宮島桟橋から徒歩5分 🅿なし MAP P48B2

昔ながらのこだわりを守り続けている

### かぼちゃあん
**1個120円**
白餡にカボチャペーストを合わせた一品。カボチャ本来の甘さが魅力

### レーズン
**1個120円**
ブランデーに漬けたレーズンをカステラにちりばめた洋風な味わい

人気　変わりダネ

---

🍡🛍
もみじどう にばんや
## 紅葉堂 弐番屋

### 新感覚もみまんが大人気

自社のもみじまんじゅうに衣を付けて揚げた「揚げもみじ」が大人気。店内にはカフェスペースのほか、「揚げもみじ神社」なるスポットも！

☎なし 🏠廿日市市宮島町512-2 🕐9時30分～17時30分ごろ（季節により変動あり）🚫不定休 🚉宮島桟橋から徒歩6分 🅿なし MAP P48B3

変わりダネ

### 揚げもみじソフト
**480円**
好みの揚げもみじを冷たいソフトクリームにトッピング！

店頭で揚げたてを味わおう

---

# 宮島のメインストリート・表参道商店街でおみやげ探し

散策の最後は、表参道商店街でじっくりとおみやげ探しを。
宮島名物やオリジナルアイテムを扱う店でお気に入りを見つけましょう。

宮島名物なら
何でも揃ってます

**表参道商店街**
おもてさんどうしょうてんがい
アナゴやカキなどが味わえる食事処やみやげ物店が約350mにわたって立ち並ぶ、賑やかな通り
MAP P48B3

## 1 三栗屋
みくりや

### 和のデザインと猫モチーフのオリジナルグッズが素敵

人気のアイテムは店主が絵付けをしたオリジナル商品。かわいらしい土鈴やキーホルダーなどを取り扱う。運がよければ店の看板猫の福ちゃんに会えるかも。

☎0829-44-2668 住廿日市市宮島町541-6 ⏰10〜17時 休木曜 交宮島桟橋から徒歩7分 Pなし MAP P48B3

看板ネコの
福ちゃん

1 宮島あまびこさんの土鈴2750円 2 入口の看板も素敵 3 オリジナル宮島白理の幸いストラップ 1200円 4 店主絵付けの木製クリップ（3個セット）500円

宮島桟橋へ

**表参道商店街**

〒

1

2

3

## 2 宮島 りらっくま茶房
みやじま りらっくまさぼう

### 宮島ならではのリラックマグッズが集合

リラックマがテーマのグッズショップ。店内にはリラックマをモチーフにしたお菓子や、アパレルグッズなどが並ぶ。

☎0829-30-7833 住廿日市市宮島町537 ⏰10〜18時 ※冬期は変動あり 休無休 交宮島桟橋から徒歩6分 Pなし MAP P48B3

1 リラックマの顔がついたかわいいもみじまんじゅう3個入り756円。こしあん、チョコレート、抹茶、はちみつレモン、いちごみるく、カスタードの6種から選べる 2 市松模様や紅葉が描かれた豆皿880円 3 リラックマと撮影できるフォトスポット 4 看板や装飾にもリラックマを発見

**宮島は杓子発祥の地**

寛永時代に神泉寺の修行僧・誓真が弁財天の持つ琵琶の形からヒントを得て島民に作り方を教えたのが宮島杓子の始まりといわれている。「飯取る」＝「勝負を召し取る」とされる縁起物だ。

### みんげいふじいや
# 民芸 藤井屋

**手作りの宮島張り子と
民芸品が盛りだくさん**

創業120年を越える界隈屈指の老舗民芸品店。数ある商品のなかでもイチオシなのが宮島張り子。すべて手作りでカラフルな色使いとユーモラスな表情がかわいい。

☎0829-44-2047 住廿日市市宮島町中之町浜1132 ⏰9〜17時 休不定休 交宮島桟橋から徒歩7分 Pなし MAP P48B3

①看板代わりの大きな杓子が目印 ②宮島張り子3000〜3100円 ③オリジナル商品の蒔絵しおり各400円 ④水琴窟の音色のミニ鈴各660円

### しゃくしのいえ みやざと
# 杓子の家 宮郷

**料理上手になれるかも!?
宮島の上質杓子をおみやげに**

杓子問屋を起源とする専門店。さまざまな文字の入った飾り用杓子から日常使い用、贈答用の高級品まで宮島が誇るあらゆるタイプの杓子が揃う。自分好みの手ざわりなどを吟味して選ぼう。

☎0829-44-0084 住廿日市市宮島町488 ⏰10時〜16時30分 休水曜 交宮島桟橋から徒歩7分 Pなし MAP P48B3

①特上桑杓子3500円 ②ターナー1000円 ③オリジナル杓子600円 ④店頭に並ぶ杓子のなかには華やかな飾り用もある

厳島神社へ ≫≫

### しぜんこうぼう いしころかん みやじま
# 自然工房 石ころ館 宮島

**幸せを願って身につけたい
パワーストーンのアクセサリー**

約50種類以上のパワーストーンや石のアクセサリーが揃う。宮島限定の鳥居モチーフの赤メノウのお守りなどはおみやげにおすすめだ。

☎0829-40-2505 住廿日市市宮島町462 ⏰9時30分〜17時30分 休無休 交宮島桟橋から徒歩8分 Pなし MAP P48B3

### こばやしいっしょうどう
# 小林一松堂

**宮島が誇る伝統!
ろくろ細工をチェック**

宮島エリアで古くからの伝統として受け継がれている、ろくろ細工。この技法で製造された木製品をメインに扱う。カトラリーからお盆まで幅広い品揃え!

☎0829-44-0067 住廿日市市宮島町470-2 ⏰9〜18時 休不定休 交宮島桟橋から徒歩8分 Pなし MAP P48B3

①ニコニコキッズスプーン＆フォーク2本1セット1200円 ②松丸かん台各5000円。松の繊細な木目が美しい ③おとぎ話シリーズカトラリー1本550円 ④風格ある店構えが印象的

①厳島神社から徒歩すぐ ②深海ブルーとんぼ玉ブレスレット（深海ブルー/オニキス/タイガーアイ）2860円 ③お財布守り・鹿（金箔入りバーナーワーク）660円 ④深海ブルーとんぼ玉16mmハートペンダント1100円

美しいシルエットと鮮やかな色使いが特徴的な宮島張り子。昭和50年（1975）年ごろから作られるようになったという。

# 旅をもっと思い出深く…
# 宮島のうっとり宿にステイ

時間を気にせずゆっくりと楽しむなら宮島滞在がおすすめ。
せっかくなのでちょっと贅沢して、宮島時間を満喫しましょう。

いつくしま いろは
## 厳島いろは

**宮島の絶景を独り占め**
**天空の湯で最高の癒やしを**

100年以上続く老舗旅館を、和洋を融合させたモダンなデザインにリノベーションした宿。海側の部屋や最上階の大浴場からは、厳島神社の大鳥居や雄大な瀬戸内海など、思わず息をのむ絶景が望める。Wi-Fiも完備しているので充実したステイを満喫することができる。地元の新鮮な素材にこだわった料理は、宮島の味を一度に堪能できる。温かいもてなしが日々の疲れを芯から癒やしてくれること間違いなし。自分へのごほうびとして訪れたい宿だ。

☎0829-44-0168 🏠廿日市市宮島町589-4 🚋宮島桟橋から徒歩5分 Ｐなし **MAP** P48B3 ●5階建15室 ●内湯2 露天2 貸切なし

┈┈┈┈ 料 金 ┈┈┈┈
❖平 日 6万6000円～
❖休前日 7万2600円～
🕐IN 15時
　OUT 12時

❀Note
部屋にはコーヒーマシン、空気清浄機、さらにはシャンパンなどのドリンクも無料で設置する。旅の疲れを部屋で癒やすことができるのが魅力。

窓からの景色を眺めつつゆっくり過ごして

### 極上の時間をお約束　4つのポイント

1 瀬戸内海の新鮮な海の幸を用意

2 最高峰A5ランクのブランド牛に舌鼓

3 料理にはこだわりの卵を使用

4 世羅高原で育った有機野菜は絶品

1 絶景が楽しめる大浴場の露天風呂 2 風情あふれる温かみのある玄関 3 料理には中国山地や瀬戸内海の旬の食材を使用。器にもこだわる

🏮大鳥居が見える 🔲源泉かけ流し 🏠部屋食 💆エステあり 🚭禁煙ルームあり ♨大浴場あり 🛏ひとり宿泊OK

## ホテルみや離宮
ほてるみやりきゅう

### 宮島の海を眺めながらゆったり
### 広島の幸満載の食事も大満足

宮島の海が一望できる大浴場でおなじみ。厳島神社の参道に面して立っており、一部の客室の窓からは厳島神社の大鳥居や五重塔なども眺めることができる。お楽しみの食事は夜が純和風の会席スタイル、朝はブッフェ（和定食の場合もあり）がスタンバイし、旅情気分を盛り上げる広島の幸がたっぷり。

········· 料 金 ·········
・平　日　2万900円〜
・休前日　2万4200円〜
⏱ IN 15時　OUT 10時

❀Note
朝食がセットになった手ごろなシンプルステイもあり1人客の宿泊も歓迎！ 家族向けやカップルに最適なプランなど各種用意する。

☎0829-44-2111 🏠廿日市市宮島町849 🚶宮島桟橋から徒歩3分 🅿️なし MAP P48B2
●5階建71室 ●泉質：温泉ではない ●内湯2

1 海側の和室が一番人気。ほかに神社側もあり
2 最上階の展望風呂

---

1 四季折々の絶景とともに贅沢なステイを 2 露天風呂付きの大浴場。天然温泉で疲れを癒やそう

## 岩惣
いわそう

### 紅葉谷公園の自然美に感動！
### 偉人らも魅了した老舗の宿

夏目漱石をはじめ、歴史上の人物らも滞在したことで知られ、宮島でも指折りの老舗宿として今なお多くの観光客らをもてなし続ける。紅葉谷公園内に立地するというロケーション柄、窓の向こうには山々がつくりだす自然美があり、特に感動ビューが広がる紅葉シーズンはおすすめ！ 木造の本館のほか、離れ、瀬戸内海を望む新館と3タイプの部屋がスタンバイする。

········· 料 金 ·········
・平　日　2万9850円〜
・休前日　3万7550円〜
⏱ IN 15時　OUT 10時

❀Note
伝統と格式のある雰囲気が旅館内の随所に。山奥の別荘を訪ねた気分で、日本の建築美を実感しよう。

☎0829-44-2233 🏠廿日市市宮島町もみじ谷 🚶宮島桟橋から徒歩15分 🅿️5台 MAP P48B4 ●本館5室、新館29室、離れ4室 ●内湯2 露天2 貸切なし

---

## 庭園の宿 石亭
ていえんのやど せきてい

### 瀬戸内の自然に囲まれた
### 極上の空間でリフレッシュ

宮島の対岸に立つ宿。宮島や瀬戸内海を見渡す高台に位置し、大人の贅沢が楽しめる。客室はすべて違う趣で造られており、照明のひとつひとつにもこだわった究極の癒やし空間となっている。四季折々に美しい広大な庭やワインセラー、サロンなど多様な施設もある。厳選された海・山・里の幸を生かした料理に舌鼓を打ち、木のぬくもりを感じるお風呂に浸かって、日常を忘れるひとときを。

········· 料 金 ·········
・平　日　4万4150円〜
・休前日　5万2950円〜
⏱ IN 15時20分　OUT 10時20分

❀Note
手入れの行き届いた回遊式の庭園は、湯上がりのひとときを過ごすのにも最適。心ゆくまでリラックスタイムを。

☎0829-55-0601 🏠廿日市市宮浜温泉3-5-27 🚶JR大野浦駅から車で5分（送迎あり）🅿️あり MAP P48B1 ●2階建12室（露天風呂付1）●泉質：ラドンを含む単純弱放射能低温泉・低張性弱アルカリ性低温泉 ●内湯2 露天2

1 お湯サロンが完備された客室でリラックス
2 夜はライトアップされる回遊式庭園

**ココにも行きたい**

# 宮島のおすすめスポット

## だいほんざん だいしょういん
## 大本山 大聖院

**宮島最古の歴史ある寺院**

大同元年（806）開基の真言宗御室派大本山。境内には、平家一門も信仰をよせた厳島神社の本地仏であった、十一面観世音菩薩像を安置する観音堂や弘法大師を祀る大師堂、豊臣秀吉が朝鮮出兵の際、海上安全を祈願した波切不動明王を安置する勅願堂がある。**DATA**☎0829-44-0111 廿日市市宮島町210 ¥無料 ⏰8～17時 休無休 交宮島桟橋から徒歩22分 Pなし **MAP** P48B4

## たほうとう
## 多宝塔

**美しい塔と眺望が楽しめる**

厳島神社の西側の丘に立つ、大永3年（1523）建立の塔で国の重要文化財。屋根は二層で、間に亀腹とよばれる膨らみがあるのが特徴。朱の色が鮮やかで、特に春は桜と美しいコラボレーションを見せる。瀬戸内海と厳島神社、五重塔などを見渡す景色もすばらしい。**DATA**☎0829-44-2020（厳島神社）廿日市市宮島町 ¥休見学自由（外観のみ）交宮島桟橋から徒歩17分 Pなし **MAP** P48B4
※2024年7月現在、多宝塔は修理工事中

**column**
**宮島の夜をやさしく彩る**
**ライトアップ**

厳島神社の社殿や大鳥居、五重塔、多宝塔がやわらかな灯りで照らされ、参道沿いの石灯籠にも灯がともる宮島のライトアップ。厳島神社を見るなら「御笠浜」がベスト。**DATA**☎0829-44-2011（宮島観光協会）⏰日没30分後～23時 休見学自由 交御笠浜へは宮島桟橋から徒歩10分 Pなし **MAP** P48B3（御笠浜）

## みやじますいぞくかん みやじマリン
## 宮島水族館 みやじマリン

**キュートな海のアイドルたちがお出迎え**

見ごたえのある工夫が随所に施された水族館。瀬戸内海を中心に380種、1万5000点以上の生きものを展示。ペンギンやコツメカワウソ、スナメリなどの愛らしい姿が見られる。全国的に珍しい、カキの養殖の様子を再現した「カキいかだ水槽」なども要チェック。**DATA**☎0829-44-2010 廿日市市宮島町10-3 ¥入館高校生以上1420円 ⏰9～17時（最終入館16時）休無休（臨時休館日あり）交宮島桟橋から徒歩25分 P障がい者用2台 **MAP** P48A4

好奇心旺盛なスナメリは手を振ると近寄ってくることも

和の癒やしをテーマとした「はつこい庵」にも注目！

## しばいさりょう みずは
## 芝居茶寮 水羽

**宮島の町家で食事や甘味を**

厳島神社の裏手にある食事処＆カフェ。かつて芝居小屋のあった場所に建てられた店舗は、江戸時代の町家を改築したもの。しっとりした風情に浸りながら、あなごめし2140円などの特産物を使った料理のほか、抹茶（力もち付き）680円などの甘味も楽しめる。**DATA**☎0829-44-1570 廿日市市宮島町大町1-2 ⏰10～17時 休不定休 交宮島桟橋から徒歩12分 Pなし **MAP** P48B3

## みやじまれきしみんぞくしりょうかん
## 宮島歴史民俗資料館

**登録有形文化財の江上家を保存**

江戸時代から明治時代にかけて活躍した、豪商江上家の主屋と土蔵を展示施設の一部に活用した資料館。中庭を囲うように配置した展示室では、絵画や古文書など約1000点の資料を展示。宮島の歴史や文化、暮らしを紹介している。**DATA**☎0829-44-2019 廿日市市宮島町57 ¥300円 ⏰9～17時 休月曜（祝日、振替休日の場合は翌日）交宮島桟橋から徒歩20分 Pなし **MAP** P48A4

## おしょくじどころ たちばな
## お食事処 たち花

**宮島産カキを生かしきる、衣が絶妙**

気取らず、ざっくばらんに楽しめる雰囲気の食堂。カキ料理は天ぷらやカレーなど約10種類。フライ・焼・酢ガキも人気（酢ガキは3～10月はボイルがきに変更）。写真は注文後にパン粉をつけて揚げるカキフライ定食1500円。**DATA**☎0829-44-0240 廿日市市宮島町566-1 ⏰10時30分～16時30分 休金曜、臨時休業あり 交宮島桟橋から徒歩5分 Pなし **MAP** P48B3

## あなごとかき まめたぬき
## 穴子と牡蠣 まめたぬき

**蒸し焼きにしたふわとろアナゴが魅力**

温泉旅館「錦水館」内にある食事処で、旅館の味を手ごろな価格で提供。昼は定食で、夜は居酒屋として、地元の食材を使い、趣向を凝らした料理が揃う。定番あなごめし2500円、穴子と牡蠣フライの共演3000円がおすすめ。**DATA**☎0829-44-2152 廿日市市宮島町1133 錦水館1階 ⏰11～15時、17時～20時30分 休不定休 交宮島桟橋から徒歩7分 Pなし **MAP** P48B3

## 町かど
まちかど

町家通りにたたずむ癒やしの喫茶店

静かな町家通りの角に立つ、地元の人にも愛される喫茶店。元ホテルマンのマスターが淹れるコーヒー600円とともにゆっくりと過ごしたい。ケーキセット900円〜やピザセット1200円などもぜひ。**DATA**☎0829-44-0271 **住**廿日市市宮島町534 **営**9〜19時 **休**火曜不定休 **交**宮島桟橋から徒歩7分 **P**なし **MAP**P48B3

## 宮島観光案内所
みやじまかんこうあんないじょ

宮島のみどころはここでチェック

宮島旅客ターミナル内にあり、宮島に到着したらまず立ち寄りたい。観光案内のほか、各種パンフレットも揃う。隣の観光協会直営売店では、観光協会限定のオリジナルTシャツや雑貨を販売。**DATA**☎0829-44-2011 **住**廿日市市宮島町1162-18 **営**9〜18時 **休**無休 **交**宮島旅客ターミナル内 **P**なし **MAP**P48B2

## 宮島伝統産業会館 みやじまん工房
みやじまでんとうさんぎょうかいかん みやじまんこうぼう

宮島の伝統工芸品をおみやげに

宮島彫りやろくろ細工など、宮島の伝統工芸品を展示販売する工房。杓子やもみじまんじゅう、宮島彫りの体験も好評。**DATA**☎0829-44-1758 **住**廿日市市宮島町1165-9 **営**手作り体験はもみじまんじゅう1名880円、杓子1名550円、宮島彫り1名2200円(要予約、所要約1時間) **営**8時30分〜17時 **休**月曜(祝日の場合は翌日) **交**宮島桟橋からすぐ **P**なし **MAP**P48C2

## 宮島醤油屋本店
みやじましょうゆやほんてん

おいしいみやげはここでゲット

醤油や味噌などの調味料を中心に、オリジナル食品が揃う。おすすめは果汁を加えたさわやかな風味の果汁醤油180㎖840円〜で、だいたい、かぼすなどの4種類(写真は300㎖1040円)。ほかにも特産のカキの佃煮や七味など、おみやげに最適な商品がズラリ。**DATA**☎0829-44-0113 **住**廿日市市宮島町439-1 **営**9時30分〜17時30分 **休**無休 **交**宮島桟橋から徒歩8分 **P**なし **MAP**P48B3

写真はイメージ

## 手作り箸工房 遊膳
てづくりはしこうぼう ゆうぜん

食事を楽しくする箸がいっぱい

約1000種類の箸が並ぶ箸専門店。素朴で上品なデザインの品が揃い、島の名所・紅葉谷公園の紅葉にちなんだ宮島限定の箸1210円や限定箸置550円などはおみやげにおすすめ。名入れの無料サービスがあるのもうれしい。**DATA**☎0829-44-0690 **住**廿日市市宮島町593 **営**10〜18時(12月中旬〜3月中旬は〜17時30分) **休**無休 **交**宮島桟橋から徒歩5分 **P**なし **MAP**P48B3

## 博多屋
はかたや

焼きたてもみじまんじゅうを店頭で

明治初期創業の老舗菓子店。口どけがよいカステラ生地と自家製のこし餡が絶品のもみじまんじゅう(1個120円〜)のほか、まんじゅうに衣をつけて揚げた「宮島じゃけぇ(1個200円)」も人気！工芸品の宮島杓子などスタイリッシュな雑貨なども販売している。**DATA**☎0829-44-0341 **住**廿日市市宮島町459 **営**9〜17時 **休**無休 **交**宮島桟橋から徒歩8分 **P**なし **MAP**P48B3

## 宮島口の注目スポット ettoをチェック！
えっと

宮島口旅客ターミナルに隣接する、観光商業施設のお店をチェック。 **DATA**☎0829-30-6930(etto管理事務所) **住**廿日市市宮島口1-11-8 **交**広島電鉄広電宮島口駅からすぐ **P**398台 **MAP**P48A1

### 旅行の友本舗
りょこうのともほんぽ

宮島名物「あなごめし弁当」をテイクアウト

広島の元祖ふりかけメーカー田中食品の直営店。ほどよい甘さのタレと絶妙にマッチした宮島名物「あなごめし弁当」やメディアでも紹介された「巻きふりかけ」のおむすびが人気。写真はあなごめし弁当2160円。**DATA**☎0829-30-7707 **営**10〜18時

### 広島ラーメン 椛 -Momiji-
ひろしまらーめん もみじ

爽やかな風味とサッパリとした酸味！

広島の老舗「川中醤油」を使ったとんこつ醤油の中華そばを中心に広島つけ麺や汁なし坦々麺を提供。写真は瀬戸内レモン搾り 広島つけ麺(並)1180円。**DATA**☎0829-30-6557 **営**11時〜18時30分LO

### Pâtisserie Pâques
ぱてぃすりーぱっく

地元で人気のスイーツ店

廿日市市内に本店を構えるフランス菓子店。イートインスペースでスイーツやドリンクを楽しめる。写真はストロベリークロワッサンサンド550円。**DATA**☎0829-20-5533 **営**10〜18時

宮島口周辺の駐車場は繁忙期には混雑必至。公共交通機関で訪れるのがおすすめです。

# 広島タウンの食のお楽しみ
# "ぶちうまい"名物グルメをご案内

広島グルメの代名詞・お好み焼きをはじめ、
ぷりっぷりのカキや瀬戸内海の新鮮な魚料理、
個性あふれるご当地麺など、
旅がますます楽しくなるグルメが揃います。

# まずは老舗の名店で味わいましょう。
# 広島のソウルフード・お好み焼き

広島グルメの代表といえばお好み焼き。数ある店のなかから、
初めての広島ならぜひ訪れたい、長年愛され続けている名店をご紹介します。

**皿or鉄板？**
アツアツをいただくなら鉄板から直接。熱いのが苦手なら皿に盛ってもらえる。

**「そば肉玉」が基本**
基本の味は、肉＋卵＋中華麺入りの「そば肉玉」。シンプルなので店の特徴がわかる。

**ヘラor箸？**
ヘラで切ってそのまま口に運ぶのが広島っ子流。慣れない人はヘラで切って箸で食べよう。

**そば肉玉　1040円**

観光客にも地元の人にも愛される人気店

**ソース**
「オタフクソース」「カープソース」「ミツワソース」が一般的。八昌ではオタフクソースに八昌オリジナルソースを作ってもらっている。

## 広島のお好み焼きとは？

たっぷりのキャベツや豚肉、麺などを薄く焼いた小麦粉の生地と卵で挟んで焼き上げる。昭和初期の「一銭洋食」がルーツで、戦後復興期を経て、現在の独特のスタイルに変化、広島のご当地グルメとして定着した。

### 八昌の　そば肉玉の作り方

**1** 小麦粉に牛乳と卵を混ぜた生地を薄く焼き、キャベツ、豚バラなどを盛る。

**2** ひっくり返して、キャベツが甘くやわらかくほどよい水分になるようじっくり蒸らす。

**3** 同時に焼いていた麺と卵を合体させ、ソースをたっぷりぬったらできあがり！

**薬研堀**
はっしょう
## 八昌

**キャベツの甘みが際立つ**
**広島のお好み焼きといえばココ！**

鉄板の厚みや温度、焼き方、キャベツの産地などにこだわり、40年以上かけて作り上げた味が評判で、休日は満席状態が続く。素材と生地、ソースなどの組み合わせが絶妙なお好み焼きをぜひ。

☎082-248-1776　⊞広島市中区薬研堀10-6　⏱16時～22時30分（日曜、祝日は～21時）㊡月曜、第1・3火曜　⊞広島電鉄銀山町電停から徒歩7分　Ｐなし　MAP P115E2

家でお好み焼きを
楽しむなら
オタフクお好みソース

全国的におなじみのオタフクお好みソース475円（500g）は広島生まれ。たっぷりの野菜と果実に香辛料をブレンドしたまろやかな味で、広島のお好み焼き店でも使用されています。
☎0120-31-0529（オタフクソース）

---

八丁堀

みっちゃん そうほんてん
## みっちゃん 総本店

### 広島のお好み焼きの原点といえる店

昭和25年（1950）に屋台から始まった広島のお好み焼きの歴史はココから始まったといわれている。キャベツをふんわり蒸し焼きにして、甘みと食感を際立たせた味が楽しめる。

☎082-221-5438 住広島市中区八丁堀6-7 ⏰11時30分〜14時30分、17時30分〜21時（土・日曜、祝日11時〜、17時〜）休火曜 交広島電鉄八丁堀電停から徒歩5分 Pなし MAP P112C2

多い日は1日800枚焼き上げることも。鉄板焼きメニューも充実。

イカやエビなどの魚介にイカ天や餅も入ってボリューム満点。

特製スペシャルそば入り 1700円

---

生イカと生エビが入ってボリューム満点、食べごたえ◎。

スペシャル 1550円

広島駅構内

れいちゃん
## 麗ちゃん

### 定番の味！広島駅の超有名店

開店と同時に満席になることが多く、常時6名の職人がフル回転で腕をふるう。1枚にキャベツ180gを使用し、重量感たっぷり。甘みを出すためケチャップを加えラードで炒めた生麺と野菜をしっかり押さえて焼く。

☎082-286-2382 住広島市南区松原町1-2 ekieDINING ⏰11〜21時LO 休ekieに準ずる 交JR広島駅直結 P350台（広島駅屋上／有料）MAP P112A1

駅ビル内の店。鉄板の奥行きが広い

---

新天地

がんそへんくつやそうほんてん
## 元祖へんくつや総本店

### 日々進化を続ける老舗店

広島に数あるお好み焼き店のなかでも屋台から始まった最古参の一軒。ひと晩寝かせて味に深みをプラスした生地が絶妙で、甘辛くさっぱりとしたオリジナルソースとの相性も抜群！

☎082-242-8918 住広島市中区新天地2-12 ⏰11時〜 休不定休 交広島電鉄八丁堀電停から徒歩5分 Pなし MAP P115D2

有名人も足繁く通う店。市内には支店も多数

プリプリの生イカとエビが入って、うま味がさらにアップ。

そばスペシャル 1300円

---

📖 お好み焼きには、うどんを入れることができるお店もあり。よりボリューム感がアップしておすすめです。

# 観光途中のランチにぴったり!
# 市街中心部のお好み焼き店

広島タウン中心部にあって昼も営業しているお好み焼き店なら、
平和記念公園やタウン散策途中のランチにもおすすめです。

**越田スペシャル　1380円**
ソフトな食感の麺で生地とも好バランス。
ネギかけでインパクト大

流川町
おこのみやき こしだ
## お好み焼き 越田

### 初代の味を真摯に受け継ぐ

18時にオープンし、深夜まで営業している。初代店主であり、現主人の祖母にあたる"朝子おばあちゃん"の味を今に受け継いでおり、鶏ガラスープを隠し味にした生地など、随所にこだわりが光る。満席状態が続くので時間をずらして訪れたい。

☎082-241-7508 ㊐広島市中区流川町8-30 ㊙18時〜午前3時 ㊡日曜（3連休の場合は月曜）㊤広島電鉄銀山町電停から徒歩7分 ㋴なし ＭＡＰP115E2

アツアツが食べられ、焼く様子も見ることができる鉄板カウンター

**鉄板焼き 白肉(ミノ)**
**1250円**
そのままでもおいしいが、
お好み焼きのトッピング
にもピッタリ

トッピング
＋

プリプリかつジューシーな食感

飲み屋街の一角に立地している

大手町
おこのみやき ながたや
## お好み焼 長田屋

### 考え抜かれた味のバランス

豚肉との相性を考え、豚骨スープで炒めたうま味たっぷりの麺を使用、トマトを多めに使って酸味を利かせた特製ソースを用いるなど、全体の味のバランスが工夫されている。平和記念公園から近いので、観光の途中にも立ち寄りやすい。

☎082-247-0787 ㊐広島市中区大手町1-7-19 ㊙11〜20時LO ㊡火曜、第2・4水曜 ㊤広島電鉄原爆ドーム前電停から徒歩3分 ㋴なし
ＭＡＰP114B2

トッピング
**大葉**
**130円**
ネギ130円、イカ天160
円、ガーリックチップ
230円のトッピングも

＋

テーブル席・カウンター
ともに鉄板を用意

**長田屋焼　1450円**
肉玉そばに生エビやイカ天、
ネギをのせ、仕上げに生卵を

府中市名物の
「府中焼き」が
食べられる店

「府中焼き・鉄板焼き としのや 堺町店」のお好み焼きは広島県府中市発祥。豚バラではなく背脂ミンチを使い、表面はパリッと香ばしく、中はふわっとした食感に。府中焼き880円〜。
☎082-231-1048 MAP P112A3

八丁堀
くるみや
## 胡桃屋

**厳選素材を使ったふっくら系の一枚**

本みりんやかつお節、根昆布の粉末など選び抜いた素材のみを使用。あっさりとした味わいの生地なのでキャベツ本来の甘みとうま味が存分に堪能できる。仕上げにかけるネギは、無農薬で育てた自家栽培ものを使用している。
☎082-224-1080 住広島市中区八丁堀8-12今元ビル2階 ⏰11時〜14時30分、17〜21時LO 休日曜、ほか不定休あり 交広島電鉄立町電停から徒歩4分 P なし MAP P112C2

### 肉玉そば 880円
キャベツ本来の甘みが堪能できるよう、生地はあえて小さめに焼く

➕ ／サイドメニュー／

### すじの煮込み 550円
トロットロのすじ肉を、ポン酢ベースのツユで味わう珍しい一品

店内にはくつろげる座敷席も

富士見町
おこのみやき・てっぱんやきたかや。じぞうどおりほんてん
## お好み焼・鉄板焼 貴家。地蔵通り本店

**こだわり抜いた一枚を堪能**

季節ごとに産地を変えて手切りするキャベツ、オリジナルソースなど、細部まで手をかけ、自慢の一枚を焼き上げる。パリパリの麺とふっくら野菜の相性が絶妙。店内は全席カウンター。
☎082-242-1717 住広島市中区富士見町5-11 ⏰11時30分〜15時、17時〜22時30分 休火曜、第1・3月曜 交広島電鉄中電前電停から徒歩5分 P なし MAP P115D3

### スペシャル＋観音ネギ 1680円
生イカ、生エビ入りの豪華な一枚。甘みたっぷりの観音ネギがどっさり

➕ ／トッピング／

### イカ天・エビ・イカ 各250〜300円
広島ではお好み焼きの中にイカ天を入れることが多い

気さくな店員さんとの会話も楽しんで

八丁堀
てっぱんや べんべえ はっちょうぼりてん
## 鉄ぱん屋 弁兵衛 八丁堀店

**鉄板料理で広島名物を制覇！**

昼はお好み焼き、夜は名産のカキや広島牛などの食材を使った鉄板焼メニューも楽しめる店。お好み焼きの一番人気「弁兵衛スペシャル」は鉄板で焼いた魚介類をネギたっぷりのお好み焼きの上にのせた贅沢な一品。
☎082-227-2900 住広島市中区八丁堀16-2 ⏰11時30分〜14時LO、17〜22時LO 休無休 交広島電鉄八丁堀電停から徒歩1分 P なし MAP P115D1

### 弁兵衛スペシャル 1480円
イカやエビなどたっぷりの魚介が、お好み焼きの上にのる

➕ ／サイドメニュー／

### うにホーレン 1580円
ウニと半熟玉子、ホウレンソウを炒めた、広島で人気の逸品

2〜3階には和風の個室がある

📖 県東部の尾道市には「尾道焼き」があります。特産の砂ズリ・揚げイカを入れた地元オリジナルのお好み焼きです。

# 帰る間際でも食べられます。
# 広島駅&周辺のお好み焼き店

時間が限られた観光や出張の際には、広島駅&周辺のお店がおすすめ。
また、たくさんの店が集合したお好み焼きテーマパークも便利です。

---

**広島駅周辺** ｜ひろしまお好み物語駅前ひろば｜

でんこうせっか えきまえひろばてん
## 電光石火 駅前ひろば店

### 斬新なお好み焼きが揃う

ビジュアルやトッピングがユニークなメニューも揃う人気店。看板メニューの「電光石火」は、じっくり蒸し焼きにした大量のキャベツを卵でオムレツ状に包んだ、ふんわりとやわらかなドーム型のお好み焼き。

☎082-568-7851 🏠広島市南区松原町10-1広島フルフォーカスビル6階 🕐10時〜22時30分LO 🚫無休 🚇JR広島駅から徒歩3分 🅿なし MAP P112A2

▲JR広島駅前の「広島お好み物語駅前ひろば」内にある店

**電光石火**
**1210円**
半球型のビジュアルが個性的な人気No.1メニュー

---

**まるめん焼**
**1200円**
ラードをかけないので麺の風味や野菜の甘みが際立ち、全体的に軽い食感

▼製麺工場が見える鉄板テーブルが特等席※工場の稼働は13〜15時

**広島駅周辺**

おこのみやき まるめん ほんてん
## お好み焼き まるめん 本店

### 麺工場に併設した究極の麺パリ店

県内で約230のお好み焼き店に麺を出荷する製麺所の2階で営業。その日の麺の状態によって調理法を調整するこだわりも、製麺所ならでは。そばを1本1本広げて炒めるのがポイント。

☎082-298-8903 🏠広島市東区東蟹屋町18-15磯野製麺2階 🕐11〜15時,17〜21時 🚫月・火曜（祝日の場合は営業） 🚇JR広島駅から徒歩10分 🅿4台 MAP P113F1

---

**そば入り(肉・玉子)＋ハラペーニョ**
**1100円**
トロッとやわらかく濃厚な味のお好み焼きに、酢漬けしたとうがらしのさわやかな辛さがよく合う

▼約3cmの分厚い鉄板カウンター

**広島駅周辺**

まさる
## Masaru

### ハラペーニョが効いて刺激的

「お好み焼き 八昌」の孫弟子に当たる。麺パリや半熟卵など八昌系を継承しつつ、オニオンパウダーなどアレンジを加えた濃いめの味付けが人気。麺はパリッと香ばしく、甘めのオタフクソースがかかる。

☎082-263-0234 🏠広島市東区光町2-14-24 🕐11時30分〜14時,17時30分〜23時 🚫火曜 🚇JR広島駅から徒歩10分 🅿なし MAP P113F1

お好み村創業者の味と人情を受け継ぐ店

「本家村長の店」は、お好み焼きを「人情重ね焼き」と言ったお好み村の創業者・古田正三郎さんの味と伝統を受け継ぐ店。そばや生イカ、エビ、豚肉などが入ったデラックス1750円。
☎082-546-1828 MAP P115D2

お好み焼きパワフルそば（うどん）入り 1298円
ホルモン、ニンニク、肉、卵などが入ったスペシャルメニュー

▼広島県と山口県に9店舗展開する店の一軒

**広島駅周辺** **福屋広島駅前店**
うまいもんやごえもん
ふくやひろしまえきまえてん

## うまいもん屋五エ門 福屋広島駅前店

### 定番から創作メニューまで用意

中はふんわり、外はパリっとした食感を大切にしたお好み焼きが人気の店。定番のお好み焼きから創作鉄板焼まで、メニューも豊富。

☎082-568-3755 住広島市南区松原町9-1福屋広島駅前店11階 ⏰11時～14時30分LO、17～21時LO 休不定休（福屋広島駅前店に準ずる）交JR広島駅から徒歩3分 P福屋広島駅前店利用 MAP P112A2

カキそば 1600円
野菜の甘みとカキのうま味を逃がさないよう、ギュッと閉じ込められている

▼鉄板を囲むカウンター以外にもテーブル席もある

**広島駅構内** **ekie DINING**
いっちゃん えきえてん

## いっちゃん ekie店

### 地元ファンに愛されるやさしい味

ミシュランガイドにも掲載された広島市東区にある名店の支店。化学調味料を使わない、安全でやさしい味がモットー。季節によって産地を変えたり、日によってキャベツの切り方を変えるなど、素材本来の味を引き出す工夫が詰まった逸品。

☎082-263-2338 住広島市南区松原町1-2ekie DINING ⏰11～21時 休ekieに準ずる 交JR広島駅直結 P350台（広島駅屋上／有料）MAP P112A1

---

## 迷ったらこちら お好み焼きテーマパーク

広島タウンには、ビルの中にお好み焼き店が集結した、テーマパークのようなスポットが3つもある。食べ比べしたい人にもおすすめ。

**広島駅周辺**
ひろしまおこのみものがたり えきまえひろば

### ひろしまお好み物語 駅前ひろば
全12店

#### JR広島駅から近いお好み焼き街

駅から徒歩3分の好立地。昭和40年代の屋台街を再現したレトロな雰囲気が漂うフロアに12店舗が集結。市内有名店の系列店も軒を並べる。

☎082-568-7890 住広島市南区松原町10-1広島フルフォーカスビル6階 休店舗により異なる 交JR広島駅から徒歩3分 Pなし MAP P112A2

**新天地**
おこのみむら

### お好み村
全23店

#### お好み焼きテーマパークの元祖

ビルの2階から4階にお好み焼き店が集結。戦後、新天地公園にあった集合屋台が始まりで、新旧の店が味を極めて人気を競い合っている。

☎082-241-2210（事務局）住広島市中区新天地5-13新天地プラザ2～4階 休店舗により異なる 交広島電鉄八丁堀停から徒歩5分 Pなし MAP P115D2

**新天地**
おこのみきょうわこく ひろしまむら

### お好み共和国 ひろしま村
全3店

#### 全店おたふくソース使用のお好み焼き店

地元民だけでなく、国内外からの人も多く集う店。「進」では広島名物のカキ、コーネ、せんじがらやそのほか豊富な鉄板焼きメニューも揃う。

☎082-243-1661（事務局）住広島市中区新天地5-23 休店舗により異なる 交広島電鉄八丁堀電停から徒歩6分 P58台 MAP P115D2

# せっかくの広島ですもの、本場でカキづくし

国内の生産量の半分以上を占めるという広島のカキは、欠かせない地元グルメ。
11〜3月ごろが旬といわれていますが、最近は夏でもおいしいカキが味わえます。

**カキ小屋**

**焼ガキ**
1皿1100円

広島のカキは大粒で濃厚なうま味が特徴

※カキ小屋の営業は10月上旬〜5月上旬まで

## 広島のカキ

カキのエサとなるプランクトンが豊富な瀬戸内海で育った広島のカキは、国内シェアの約6割を占める。おいしさのピークは冬と春だが、年中食べられる店も多数。

**広島港周辺**
みるきーてつおのかきごや うじなてん

### ミルキー鉄男のかき小屋 宇品店

**ライブ感あふれる浜焼きを**

焼き方のコツや殻の開け方もスタッフが丁寧に教えてくれるので安心。食材を購入後、カキ三昧スタート！炭火で焼くカキは広島産レモンを搾ってどうぞ。

▲焼き上がりのタイミングもスタッフが教えてくれる

☎080-1630-8970 🏠広島市南区宇品海岸1広島みなと公園内 🕐10時30分〜20時LO 🈺水曜 🚃広島電鉄広島港電停から徒歩2分 🅿広島みなと公園駐車場利用290台 **MAP**P111D4

---

**本通り商店街周辺**
かきごやふくろまち うみへいしょうてん

### かき小屋袋町 海平商店

**がんがん焼きで豪快に食す**

居酒屋スタイルの店で、「がんがん焼き」が名物。年間を通してカキを提供するほか、新鮮な魚介の造りがのった刺身どっさり盛り1350円〜も人気。

☎082-249-9219 🏠広島市中区袋町8-11森田ビル1階 🕐17時〜22時30分LO 🈺日曜（祝日の場合は翌日）🚃広島電鉄袋町電停から徒歩5分 🅿なし **MAP**P114C2

▲店内にはテーブル席のほか座敷も用意している

**ひと盛り 1100円（1kg）**

缶で蒸し上げるのでカキのうま味がギュッ！

瀬戸内海沿岸を中心に
おいしいカキ料理を提供

「ひろしま
オイスターロード」

広島県産カキのブランド向上を目指す、協議会所属の事業者による「かき小屋」が計6店舗営業。各店舗では殻付きカキの焼きガキや魚介の炭火焼きが手ごろな価格で楽しめる。
☎082-247-5788（ひろしまオイスターロード協議会事務局）

---

## カキ専門

もう一品

▲かきのバター焼き1200円は洋風テイストな創作メニュー

**蒸しかき特選2年物**
**2個780円**

セイロを用い、火の通り具合を見極めた逸品。濃厚な風味の「草津かき」はジューシーでふっくら

### 平和記念公園周辺
ひろしまめいさんりょうり えこひいき

# 広島名産料理 えこ贔屓

## 熟練技が濃厚なうま味を引き立てる

日本料理歴40年以上の板前が、カキの濃厚なうま味を熟練の技で引き出した逸品がズラリ。甘みがあり、大粒の身が特徴の「草津かき」という品種を厳選しているのも魅力だ。

▲地元の伝統料理も楽しめる

☎082-545-3655 🏠広島市中区大手町1-7-20 🕐11時30分〜14時、17〜22時LO 🈺月曜、第1火曜 🚃広島電鉄紙屋町西電停から徒歩3分 🅿なし MAP P114B2

---

### 銀山町
やなぎばしこだに

# 柳橋こだに

※カキ料理はすべて11月初旬〜3月下旬

## 旬の時期だけ味わえるカキ料理

昭和22年（1947）から京橋川に架かる柳橋のたもとで営業し続けるカキ、ウナギ、スッポンの専門店。11月初旬〜3月下旬限定でカキ料理が登場。

☎082-246-7201 🏠広島市中区銀山町1-1 🕐11時30分〜14時、17時〜21時30分（20時30分LO）🈺日曜、祝日 🚃広島電鉄銀山町電停から徒歩3分 🅿近隣に有料駐車場あり MAP P115F1

もう一品

▲2階でゆったり食事ができる

▲かきフライ（サラダ付き）1480円

**かきコンフィ 1050円**

数種類のハーブやスパイスで味付けした生牡蠣を一晩寝かせ、低温オイルで数時間調理。柔らかく風味豊か

---

▲お店はカジュアルでお洒落な雰囲気

**カキのガーリックバターソテー**
**1380円**

広島県産のカキとキノコ類などを自家製ガーリックバターでソテーした一品

### 広島駅周辺
おいすたー ばー まぶい ひろしまえきまえてん

# Oyster Bar MABUI 広島駅前店

## 小粋なオイスターバー

広島市内で全国各地の生ガキが味わえる貴重な一軒。定番の生ガキ3種盛り1380円〜ほか、洋風のカキメニューも揃い、それぞれ単品で注文できる。

☎082-207-0997 🏠広島市南区猿猴橋町2-6 1階 🕐17〜23時LO 🈺不定休 🚃JR広島駅から徒歩5分 🅿なし MAP P113E2

---

📖 カキを使った広島の郷土料理といえば土手鍋。鍋の内側に土手のように塗った味噌を溶かしながらカキや野菜をいただきましょう。

# 瀬戸内海の新鮮魚介と
# 地酒を楽しめるおいしい店

瀬戸内海に面した広島では、カキ以外の魚介料理も豊富。
地酒とともに旬の魚介をたっぷりいただいて、至福のひとときを。

女性一人でも
訪れやすい人気店

堀川町

せとうちりょうり ひろき
## 瀬戸内料理 広起

地元のみならず、県外や海外のファン
も多い店。瀬戸内海の魚介をたっぷり
使った絶品料理を楽しめる。名物ウニ
ホーレン1500円〜や店限定のシャコ
刺身1200円〜も絶品。

☎082-245-1441 住広島市中区堀川町
3-3津田文ビル1階 時17時〜午前2時 休日
曜不定休 交広島電鉄胡町電停から徒歩3分
Pなし MAP P115D1

純米酒 広起
1瓶1000円〜

オリジナルのお酒。冷酒、
熱燗がスタンバイ

4

1生シャコ、よなき貝など5〜6種の刺身盛り合わ
せ2000円〜（手前）、名物の広起巻2000円〜
（一番奥）など 2カウンター席では店主との会話
も楽しんで 3ショーケースには新鮮な魚介がズラ
リ 4ほろっと崩れるめばるの煮物1500円〜

## 食べたい！瀬戸内海の旬のお魚

| コイワシ | アナゴ | メバル | タチウオ | サワラ | タイ |
|---|---|---|---|---|---|
|  |  |  | | |  |
| 旬●7〜9月 | 旬●1年間 | 旬●4〜6月 | 旬●秋 | 旬●3〜5月 | 旬●4〜6月 |
| 正式名はカタクチイワシ。刺身や炭火焼き | 1〜2月は脂がのり、6〜8月はあっさりとした味わい | 上品な味わいで煮付けや唐揚げに最適な魚 | 長い体で味は淡白。刺身や塩焼きなどで | 「鰆」と書く字のとおり春が旬。新鮮なものは刺身で | 瀬戸内海では春先から夏にかけてとれ、旬は春 |

天寳一
グラス700円

"料理の名脇役"がコンセプト。イチオシの辛口食中酒

亀齢 山黄
グラス660円など

複数のタンクから選抜された原酒。うま味とじわっとくる辛口が特徴

瑞冠いい風雄町米
純米吟醸・花
グラス858円

山岡酒造の銘酒は清涼感強め

鮮度のよさはピカイチ！広島の旬味覚ここにあり

旬の魚が味わえるお造り盛り合わせ(時価)。季節の野菜を使い、素材の持ち味を生かした料理を提供

路地裏のアナゴの名店 穴子の刺身は必食

穴子の刺身1580円は広島でも珍しい逸品。しっかりとした食感で、噛むほどに甘みが感じられる

瀬戸内魚介の美味なるハーモニー

穴子の刺身1958円(2人前)は見るからに新鮮さが伝わってくる色ツヤ。うま味の濃さが実感できる

### 流川町
いしまつさんだいめ
# 石まつ三代目

常時60種類をストックする地酒とともに、旬の彩り豊かな和食を満喫しよう。こちらでは地元・広島の市場から魚介類を直接仕入れているのでいつ来店しても鮮度満点のおいしさがお待ちかね！
☎082-241-9041 住広島市中区流川町3-14 営18〜22時LO 休日曜、祝日(連日の場合は営業) 交広島電鉄胡町電停から徒歩5分 Pなし MAP P115D2

板前の丁寧な仕事ぶりで連日大賑わい。個室もある

### 流川町
わしきさけのさかなどころ たいし
# 和四季酒肴処 たいし

絶品アナゴと瀬戸内料理が楽しめる居酒屋。旬の新鮮な地魚のほか、メニューには通年でカキも用意。名物のアナゴは刺身はもちろん白焼きでも食べることができる。
☎082-245-2727 住広島市中区流川町7-15むぎくらビル1階 営16〜23時(22時LO) 休不定休 交広島電鉄胡町電停から徒歩8分 Pなし MAP P115D3

座敷もあり、宴会もOK。宴会コースは飲み放題付き6000円〜

### 八丁堀
ざっそうあん あき
# 雑草庵 安芸

徹底的に素材を見極め、店主が納得した新鮮さ抜群の魚介メニューのみを提供するこだわり。広島の酒に精通したスタッフが常駐するのも高ポイント。
☎082-249-2293 住広島市中区新天地1-28オペラハウス1階 営11時30分〜14時、18時〜22時30分LO 休日曜(月曜が祝日の場合は営業、翌月曜休) 交広島電鉄八丁堀電停から徒歩3分 Pなし MAP P115D1

常連が多数。訪れる際は事前予約を！

広島の代表的な魚介料理の一つ、「コイワシの刺身」。しょうが醤油で食べるのが広島流です。

# ランチやシメにもおすすめ！
# つるりとお手軽、広島オリジナル麺

「つけ麺」と「汁なし担々麺」は広島タウンならではの個性派麺。
ランチやお酒の後のシメに、気軽に広島の味を楽しみましょう。

**つけ麺って？**
**ピリ辛ダレが好アクセント！**
つるつる麺とたっぷりの野菜をピリ辛つけダレで味わう。ほとんどの店で辛さが選べる。

ファミリーから学生まで幅広く人気

辛ウマ！の秘伝だしともちもち麺にハマる！

### 十日市町
つけめんほんぽ からぶ
## つけ麺本舗 辛部

### 黒×白のだしがうま味のベースに！

醤油ベースの「黒だし」とカツオベースの「白だし」の合わせだしを使用。もちもちした特注卵麺に、秘伝のつけダレが絶妙にマッチ。

☎082-294-2225 🏠広島市中区十日市町1-4-29 🕐11時30分〜14時45分LO、18時〜22時45分LO 🈂不定休 🚉広島電鉄本川町電停から徒歩3分 🅿なし 🅼MAP P112A3

**つけ麺（普通）**
**980円**
辛さは0〜30倍。かつお節やもみのりなど和風のトッピングもある

半熟卵も注文してだしと絡めるのが通の食べ方

**普通 1100円**
のど越しのいい麺は特注で、具はシンプル

ラー油は味をみながら追加して

### 大手町
れいめんや
## 冷めん家

### 広島つけ麺の元祖で「冷麺」を食す

創業から30年以上の名店で、こちらの冷麺が広島つけ麺の元祖。魚介と肉のWスープを生かしたつけダレは、辛さの中にうま味もしっかり。特注の麺ものど越し抜群。

☎082-248-7600 🏠広島市中区大手町2-4-6 🕐11時〜13時50分、18時〜20時50分 🈂日曜、祝日 🚉広島電鉄本通電停から徒歩5分 🅿なし 🅼MAP P114B2

先に注文を聞いてくれるので、満席でも席に着けばすぐ食べられる

### 新天地
からからてい しんてんちてん
## 唐々亭 新天地店

### 10年かけて完成した辛だしが自慢

4種類のとうがらしをブレンドしたカツオベースのだしは、さっぱりした後口が特徴。弾力ある麺は伸びにくく、スローペースの女性にもうれしい。

☎082-241-4333 🏠広島市中区新天地1-15Niビル1階 🕐11時30分〜午前3時30分 🈂不定休 🚉広島電鉄八丁堀電停から徒歩4分 🅿なし 🅼MAP P115D2

**チャーシュー盛り**
**880円**
モチモチ麺に魚介スープや数種のとうがらしをブレンドした辛だしが絡む

夜の街の中心にあるので立ち寄りやすい

ブレンド山椒のすばらしい香りがたまらない

**広島つけ麺ってどんなもの？**

広島では「冷麺」とよばれる。一般的なつけ麺とは異なり、麺もつけダレも冷たいのが特徴。酢やとうがらしを合わせた辛口のつけダレに、中太ストレート麺を絡めて食べる。

**汁なし担担麺 770円**
辛さは抑えめながらも、山椒のシビレは十分だ

**汁なし担々麺って？**

| 四川風で刺激的な辛さが魅力 |

麺と肉味噌、タレをしっかりかきまぜて食べる。山椒の香りと四川風のうま味にハマる！

**大手町**
しるなしたんたんめんせんもん きんぐけん
# 汁なし担担麺専門 キング軒

## 山椒の香りを感じつつ極辛の一杯を

毎朝その日使う分だけを挽くという山椒の香り高さに驚き。柑橘類のように芳しい香りがラー油の辛さに重なり、独自のテイストを生み出す。

☎082-249-3646 住広島市中区大手町3-3-14武本ビル1階 時11〜15時、17〜20時 休日曜 交広島電鉄中電前電停から徒歩2分 Pなし MAP P114B3

平和記念公園からほど近い場所にある

とうがらしの辛さと山椒のしびれを5段階から選べる

**ノーマル汁なし担々麺 650円**
オイル少なめで女性にも人気。そぼろ団子、水菜入りの豪華版

個性あふれるオリジナルのタレが味の決め手

**汁なし担担麺 650円**
中細麺にタレがしっかりと絡み一体感を生み出す

**大手町**
めんや まさら
# 麺屋 麻沙羅

## 見事なスパイス使いに感激！

他店とはひと味違う個性派の麺処として、コアな常連ファンが足繁く通う。クミン、コリアンダーといったスパイスが味の決め手で、平打ち麺とも相性◎。

☎082-205-6178 住広島市中区大手町2-6-8大手町ビル1階 時11時〜14時30分、17時30分〜20時30分 休日曜・祝日のディナー、月曜 交広島電鉄袋町電停からすぐ Pなし MAP P114B2

原爆ドーム近くで観光時にも立ち寄りやすい

**八丁堀**
ちゅうかそば くにまつ
# 中華そば くにまつ

## こだわり抜いた自家製タレ

自家製のラー油や芝麻醤ほか、徹底的に調味料にこだわったタレが秀逸。もっちりとした食感でのど越しのいい自家製麺との相性もバッチリ。

☎082-222-5022 住広島市中区八丁堀8-10 清水ビル1階 時11〜15時、17〜20時 休土・日曜 交広島電鉄立町電停から徒歩3分 Pなし MAP P112C2

人気なので時間をずらして訪れたい

「広島ラーメン」は醤油ベースの懐かしい味わいのラーメン。戦後復興期に庶民の間で親しまれた味です。

# 広島っ子気分で
# 愛されグルメを味わいます

地元では誰もが知っている、安くておいしい有名店3軒。
広島っ子と肩を並べて、飾らない広島の味を楽しみましょう。

｜食後におはぎ！｜

おはぎ130円（右）ときなこ120円（左）。うどんの後のおはぎが広島っ子流！

一番人気はコレ

**肉カレーうどん 840円**
だしと特製スパイスが調和した、深みのある辛さがヤミツキに

## 鉄砲町
ちからほんてん
## ちから本店

### うどんの後は和菓子も堪能

市内と近郊に28店を展開する、広島っ子にはおなじみのうどんと和菓子のチェーン店。天とじうどん740円や肉うどん760円など手ごろなメニューが揃う。食後のおはぎも欠かせない。

☎082-221-7118
🏠広島市中区鉄砲町9-5 🕐11時～19時50分LO 🈚無休 🚃広島電鉄鉄砲町電停から徒歩1分 🅿なし MAP P113D2

明るい店内はカウンター席のみ

---

おかずぎっしりのお弁当

**安芸むすび 1100円**
俵むすびが入った人気の弁当。おむすび弁当は種類も豊富で駅弁として買って帰るのも◎

## 土橋
むすびのむさし どばしてん
## むすびのむさし
## 土橋店

### 広島っ子のソウルフード

広島では誰もが知っている、持ち帰りや仕出し用弁当の店。土橋店では、ボリューム満点の弁当の持ち帰りはもちろん、おむすびやうどん、鍋料理、串揚げ天ぷらも楽しめる。

白い建物に映える赤い看板が目印

☎082-291-6340 🏠広島市中区榎町10-23 🕐11～20時、2階17～21時（土・日曜、祝日11時～）🈔水曜 🚃広島電鉄土橋電停からすぐ 🅿30台 MAP P112A3

---

特製"ますソース"が決め手

**特ランチ 980円**
一皿でカツやハンバーグなどが味わえる大満足のメニュー

## 八丁堀
にくのますい
## 肉のますゐ

### 安くてボリューム満点

トンカツを中心にリーズナブルな洋食が揃う。なかでも広島っ子の心をとらえて離さない激安メニューがトンカツ（ライス付き）430円。精肉店が経営するレストランなので、品質も折り紙付き。

昔ながらの雰囲気が漂う店構え

☎082-227-2983 🏠広島市中区八丁堀14-13 🕐11時～20時45分（2階は～21時）🈔水曜、第2・4火曜 🚃広島電鉄八丁堀電停から徒歩3分 🅿なし MAP P115D1

# 名所観光、ストリート散策にお買い物…
# 広島タウンのお楽しみは尽きません

広島を代表する観光地・平和記念公園や縮景園、
広島城などをじっくり見学した後は
グルメにお買い物、夜遊びなど
広島の街をとことん遊び尽くしましょう。

# 広島タウンって こんなところ

中国四国地方一の大都市、広島タウン。
観光やグルメ、お買い物が楽しめます。

## 観光の中心は 平和記念公園です

平和記念公園へは、広島駅から路面電車
（広島電鉄）で原爆ドーム前電停まで17分、
紙屋町や八丁堀などのタウン中心部からは
徒歩圏内と、アクセスがしやすい。広島城や
縮景園といった観光名所へも近いので、時
間があればぜひ訪れてみたい。

## 便利な観光案内所

散策前にはまず、観光案内所で情報収集を
するのがおすすめ。JR広島駅南口1階コンコ
ースと新幹線口2階コンコースにある観光案
内所が立ち寄りやすくて便利。

問合せ 広島市観光案内所 ☎082-247-6738

## 広島タウンアクセスMAP

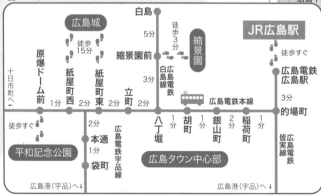

### 広島駅周辺
ひろしまえきしゅうへん ①
・・・P98

JR広島駅と広島電鉄広島駅がある。グルメや
おみやげが充実した駅ビルはなにかと便利。

▶JR広島駅から
広島電鉄広島駅
は徒歩すぐ

## 移動に欠かせない 路面電車

街の中心を走る路面電車。市
内の主要エリア内は1回乗車
220円均一、4回以上乗るなら
電車一日乗車券700円が便利。
詳細はP137参照

多くの百貨店やビルが立ち並ぶ

ひろしまたうんちゅうしんぶ
(かみやちょう・はっちょうぼりしゅうへん)

# 広島タウン中心部

（紙屋町・八丁堀周辺）

・・・P78

②

広島県随一の繁華街。グルメやお買い物が楽しめるほか、広島城、縮景園などの名所も点在する。

▼都会の喧騒を忘れる縮景園

① 広島駅周辺

広島タウン中心部

歩いてみたい！

# タウン中心部の個性派ストリート

**A きょうばしがわおーぶんかふぇどおり**
**京橋川オープンカフェ通り**
・・・P90

オープンカフェ群の「京橋R-Win」など、開放感あふれるカフェ&レストランが点在。

**B やげんぼりどおり・ながれかわどおり**
**薬研堀通り・流川通り**

広島県随一の歓楽街。居酒屋やバーなどが夜遅くまで営業しているので、夜遊びにぴったり。

**D なみきどおり**
**並木通り**

高感度なカフェやセレクトショップが立ち並ぶ、地元っ子にも人気のストリート。

**E じぞうどおり**
**じぞう通り**

下町らしいたたずまいの通りに、昔ながらの店とおしゃれなショップや飲食店が混在する。

**F ほんどおりしょうてんがい**
**本通商店街**
・・・P82

いつも多くの人で賑わうアーケード街。広島らしいおみやげが買えるショップも多数。

▶ひと休みにぴったりなカフェも

へいわきねんこうえん

# 平和記念公園

③

・・・P66

広島を代表する観光地。原爆や戦争の悲惨さと平和の尊さを学びたい。

▲国内外から多くの人が訪れる

**これしよう！**
リバークルーズで
水都・広島を体感
元安桟橋から、さまざまな
タイプのリバークルーズ船
が運航（☞P76）。

**これしよう！**
広島平和記念資料館
をじっくりと見学
原爆に関する資料を展示。
原爆の恐ろしさや平和の
尊さを学べる（☞P70）。

**これしよう！**
世界平和を祈りながら
公園を散策
原爆ドームを中心に点在
する慰霊碑やモニュメント
を見学しよう（☞P68）。

平和記念公園は
ココにあります！

ひと休みにぴ
ったりのカフェも
（☞P74）

平和へのメッセージを発信する憩いの公園

# 平和記念公園
へいわきねんこうえん

**こんなところ**

国際平和文化都市である広島のシンボル的
存在。園内には、世界文化遺産の原爆ドーム
や広島平和記念資料館など、原爆の惨禍を伝
える施設や慰霊碑、モニュメントなどが点在
している。川沿いの緑豊かな公園で、市民の
憩いの場としても親しまれている。

　　　　a c c e s s

●広島駅電停から
広島電鉄2・6号線などで15分、原爆
ドーム前電停下車すぐ
●宮島から
・宮島桟橋からひろしま世界遺産航
路で45分、元安桟橋下船すぐ
・広電宮島口電停から広島電鉄宮島
線で49分、原爆ドーム前電停下車すぐ
・宮島口駅からJR山陽本線で23分、
横川駅下車すぐの横川電停から広
島電鉄7号線で11分、原爆ドーム前
電停下車すぐ

**問合せ** ☎082-247-6738
広島市観光案内所
**広域図** P111

# ～平和記念公園　はやわかりMAP～

**観光のヒント**
## おりづるタワーの
## カフェでゆったり
街並みが一望できる吹き抜けの展望台。1階には広島ならではのメニューを提供するカフェも（☞P73）。

広島城へ

そごう広島店
広島バスセンター

メルパルク広島

**6 HIROSHIMA ORIZURU TOWER**（☞ P72）

紙屋町東
広島トランヴェールビル

0　100m

公園入口に架かる
**元安橋**（もとやすばし）
平成4年（1992）に架け替えられ、竣工当時のモダンなデザインを再現。

平和の時計塔
**原爆ドーム 1**（☞ P68）

●本川小

●平和の鐘

元安橋

島病院　サンモール

元安橋（東）
**4 Caffe Ponte**（☞ P74）
専勝寺

元安桟橋
**5 ひろしまリバー クルーズ（乗船場）**（☞ P76）

卍明教寺

原爆の子の像

本川橋

平和の灯

国立広島原爆死没者
追悼平和祈念館

パークサイド
ホテル広島
平和公園前

**平和記念公園**

妙蓮寺
頼山陽
史跡資料館
旧日本銀行
広島支店

**2 原爆死没者慰霊碑**（☞ P68）

卍浄国寺
本川浜恵美須神社卍

太田川

**広島平和記念資料館 3**（☞ P70）

NHK
広島放送局

袋町

ホテル法華クラブ広島
ANAクラウンプラザホテル広島
54 卍白神社
中電前

高さ9mの門が
10基並ぶ平和の門
表面には18種類の文字と49の言語で「平和」の文字が刻まれている。

西平和大橋東詰　平和記念公園　平和大橋東詰
**平和大通り**　平和公園前
平和の門

放送会館前

平和大橋

世界的彫刻家
デザインの平和大橋
西側の西平和大橋とともにイサム・ノグチのデザインによるもの。

ホテルマイステイズ
広島平和公園前

隆向寺卍

平和記念公園

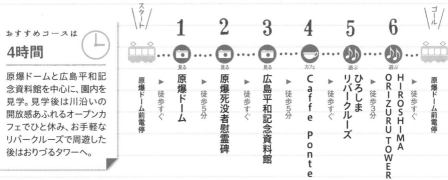

**おすすめコースは**
## 4時間
原爆ドームと広島平和記念資料館を中心に、園内を見学。見学後は川沿いの開放感あふれるオープンカフェでひと休み、お手軽なリバークルーズで周遊した後はおりづるタワーへ。

| スタート | 1 | 2 | 3 | 4 | 5 | 6 | ゴール |
|---|---|---|---|---|---|---|---|
| | 見る | 見る | 見る | カフェ | 遊ぶ | 遊ぶ | |
| 原爆ドーム前電停 | 原爆ドーム | 原爆死没者慰霊碑 | 広島平和記念資料館 | Caffe Ponte | ひろしまリバークルーズ | HIROSHIMA ORIZURU TOWER | 原爆ドーム前電停 |
| | 徒歩すぐ | 徒歩5分 | 徒歩すぐ | 徒歩5分 | 徒歩すぐ | 徒歩3分 | 徒歩すぐ |

# 平和への祈りを込めて
# 平和記念公園を歩きましょう

所要約4時間
平和記念公園へのアクセス、問合せはP66へ
MAP P114A・B1〜3

市民の憩いの場としても親しまれる、川と緑に囲まれた美しい公園。
原爆や戦争の悲惨さ、平和の尊さを学びながら散策しましょう。

> ノーモアヒロシマのシンボル

> 子どもたちのための慰霊碑

## ❷ 原爆の子の像
げんばくのこのぞう

被爆のため白血病を発症、折り鶴を折りながら闘病生活を続けた後亡くなった佐々木禎子さんを偲び、また原爆の犠牲になった子どもたちを慰霊するために建てられた碑。

1 碑の上には折鶴を掲げた少女の像がある 2 周囲には世界中から折り鶴が捧げられている

世界遺産

P77も参照

## ❶ 原爆ドーム
げんばくどーむ

爆心地にほど近い場所で被爆しながらも、奇跡的に全倒壊を免れた建物。ほぼ被爆当時そのままの姿を残し、原爆の威力や悲惨さを今に伝える。世界遺産にも登録され、核兵器廃絶と世界恒久平和を訴え続けている。

1 幾度の修復を経て、平成8年（1996）に世界遺産に登録 2 瓦礫が残ったままのかつての正面入口

> 世界平和を祈り鐘を鳴らしましょう

## ❸ 平和の鐘
へいわのかね

核兵器のない平和共存の世界を目指し設置。自由に鳴らすことができ、鐘の表面には「世界は一つ」を象徴する国境のない世界地図が浮き彫りされている。

鐘がつかれる部分には原水爆禁止の思いをこめて原子力のマークが

> 核兵器廃絶を願う灯

## ❹ 平和の灯
へいわのともしび

核兵器廃絶と世界恒久平和を願うシンボル。昭和39年（1964）8月1日に点火された灯は、反核を願い、核兵器が地球上からなくなる日まで燃え続ける。

手のひらを大空に向けた形を表現した台座

1 霊を雨露から守るため、はにわの家の形をしている 2 「安らかに眠って下さい　過ちは繰返しませぬから」と刻まれている

## ❺ 原爆死没者慰霊碑
げんばくしぼつしゃいれいひ

原爆で壊滅した広島市が平和都市として再建することを願って設立された。中央の石室には34万人を超える原爆死没者の名簿が納められている。

> 元安川沿いは散策路になっていてベンチも設けられています

観光用ループバス

**「ひろしまめいぷる〜ぷ」**

も便利です

広島市中心部の観光地を巡れる広島市内循環バス。1乗車220円。1日乗車券は600円で乗降自由。☎0570-010-666（中国JRバスお客様センター）

※2024年6月現在の情報です

詳細はP70へ

### ❻ 広島平和記念資料館
ひろしまへいわきねんしりょうかん

本館と東館の2つの建物で、被爆資料の展示のほか、原爆が投下された経緯や核時代の現状など、映像や模型などを使ってわかりやすく解説。

原爆に関する貴重な資料を展示

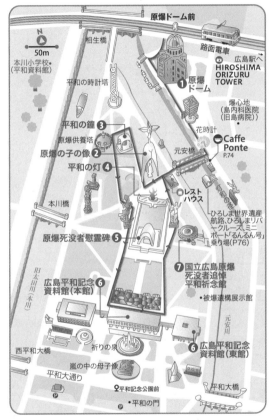

原爆ドーム前

HIROSHIMA ORIZURU TOWER
広島駅へ

❶原爆ドーム

路面電車

相生橋

本川小学校（平和資料館）

平和の時計塔

爆心地（島内科医院（旧島病院））

平和の鐘 ❸

花時計

原爆供養塔

原爆の子の像 ❷

平和の灯 ❹

元安橋

**Caffe Ponte** P.74

本川橋

レストハウス

ひろしま世界遺産航路、ひろしまリバークルーズ船「るんるん号」乗り場（P76）

原爆死没者慰霊碑 ❺

旧太田川（本川）

❼国立広島原爆死没者追悼平和祈念館

広島平和記念資料館（本館）❻

被爆遺構展示館

西平和大橋

祈りの泉

元安川

広島平和記念資料館（東館）

嵐の中の母子像

平和大通り

平和記念公園前

平和大橋

平和の門

2019年のリニューアルで命の重さに焦点を当てた展示へ

### ❼ 国立広島原爆死没者追悼平和祈念館
こくりつひろしまげんばくしぼつしゃついとうへいわきねんかん

原爆死没者を追悼し、永遠の平和を祈念するとともに、被爆体験を後代に継承するための施設。死没者の名前や遺影を公開し、被爆体験記などを閲覧できる。

原爆の惨禍の理解を深める施設

☎082-543-6271 ¥無料 ⏰8時30分〜18時（8月は〜19時、8月5・6日は〜20時、12〜2月は〜17時）休12月30・31日 ⓂⒶⓅP114A2

原爆の惨禍を後代に伝える

## 平和記念公園で行われる8月6日の平和記念式典・イベント

### 平和記念式典
へいわきねんしきてん

原爆死没者の慰霊と世界恒久平和を祈念する式典。原爆投下時刻の8時15分に1分間の黙祷を捧げ、広島市長の平和宣言、こども代表の平和への誓いなどを行う。☎082-504-2103（広島市市民局市民活動推進課）ⓂⒶⓅP114A2

### ピースメッセージとうろう流し
ぴーすめっせーじとうろうながし

原爆、戦災、一般死没者の霊を慰めるとともに、平和への願いを込めてメッセージを書き込み川へ流す慰霊行事。自分自身の手でとうろうを流す「手流し流灯」も午後6時から実施。☎082-245-1448（とうろう流し実行委員会）ⓂⒶⓅP114A2

本川沿いの本川小学校平和資料館（上記MAP）など、公園周辺にも被爆関連施設があります。

# しっかりと心に残したい
# 広島平和記念資料館

本館は国の重要文化財にも指定されている

広島や原爆に関するさまざまな資料を展示し、紹介しています。
原爆の恐ろしさについて学べる、世界平和への思いが詰まった施設です。

## ひろしまへいわきねんしりょうかん
## 広島平和記念資料館

見学時間 約2時間

### 貴重な資料で被爆の実相を伝える

被爆前の広島の歴史や原爆投下までの経緯、平和への歩みなどを紹介する東館と、被爆者の遺品や被爆資料を展示する本館からなる。原爆の恐ろしさや悲惨さを知ることができ、これからの平和について考えさせてくれる施設だ。

☎082-241-4004 ⓘ広島市中区中島町1-2 ¥200円 ⏰7時30分〜19時(8月は〜20時、8月5・6日は〜21時、12〜2月は〜18時、入館は閉館の30分前まで、早朝・夕方の入館は要オンライン予約、詳しくは公式サイトhttps://hpmmuseum.jp/) ❌12月30・31日、2月中旬の3日間 🚃広島電鉄原爆ドーム前電停から徒歩8分 🅿なし MAP P114A3

### 東館3階 1
# 失われた
# 人々の暮らし

被爆前の広島の大型写真を展示。原爆が広島の上空600mでさく裂し、破壊された広島市街地の様子を約1分半のCG映像で再現。

**被爆前後のCG映像**

ケリー元米国務長官が「最も衝撃的で心を動かされた」と語ったCG。のどかな街が一発の原爆で瞬時に焦土と化してしまうさまがわかる。

### 本館・被爆の実相 3
# 被爆者

被爆者の遺品を、遺影や被爆状況、遺した言葉、家族の苦しみとともに紹介。被爆者を数ではなく、一人一人の人間として捉え、命の重さに焦点を当てて伝える。

### 2 本館・被爆の実相
## 8月6日のヒロシマ

焼野原になった街の写真を背景に、爆風で曲がった鉄骨などの大型資料や、被爆した子どもの衣服や火傷を負った人々の写真を展示。

**遺品は語る**

鋏谷伸一さん(3歳)はこの三輪車で遊んでいる時に被爆。全身に大けがや大火傷を負い、その晩亡くなった。

寄贈：鋏谷信男氏
所蔵：広島平和記念資料館

**より深く学ぶなら
ガイドさんと
巡りましょう**

平和記念公園内を無料で案内してくれる「ヒロシマ ピース ボランティア」。1週間前までの予約制です。空きがあれば当日予約も可能。

☎082-541-5544（平和記念資料館啓発課）休要問合せ

---

**東館3階**

## 被爆者証言
## ビデオコーナー

### 4

原爆被爆者が当時の惨劇を、映像で現代人に訴えかける。貴重な証言を耳にして、あらためて平和の大切さを実感したい。

**東館3階・
核兵器の危険性**

### 6

## 変形したガラス瓶

被爆による高熱火災の熱で変形してしまったガラス瓶の実物。原爆の恐ろしさがわかる展示。

**東館3階・核兵器の危険性**

### 5

## 原子爆弾の脅威・原爆ドーム模型

3000～4000℃にも達した熱線と爆風の影響で、骨組みだけになった原爆ドームの模型。原爆投下前の美しい姿とともに並んで展示をしている。

**東館2階**

### 7

## 広島の歩み

戦時下の広島、原爆の被害から復興した広島の歩み、広島市や市民の平和への取り組みを展示。フロア中央には大型情報検索装置（メディアテーブル）も備えられている。

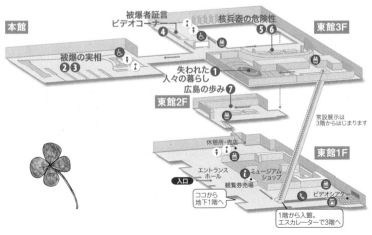

本館　被爆者証言ビデオコーナー　核兵器の危険性　東館3F
被爆の実相　失われた人々の暮らし　広島の歩み　東館2F
常設展示は3階からはじまります
休憩所・売店　東館1F
エントランスホール　ミュージアムショップ　観覧券売場　ビデオシアター
入口
ココから地下1階へ
1階から入館。エスカレーターで3階へ

平和記念公園や資料館の構想・設計は建築家・丹下健三によるもの。戦後復興、世界恒久平和を願った一つの作品といえます。

# 平和記念公園を望む 広島のランドマーク・おりづるタワー

広島の四季とともに、世界遺産・原爆ドームや広島市街地を眺めながら過ごすことができる憩いの場。広島の過去と今をつなぐ場所であり、広島の名産品とも出合える。

おりづるタワーからは原爆ドームも見られる

### ひろしま おりづる たわー
## HIROSHIMA ORIZURU TOWER
### ヒロシマの歴史と今をつなぐ場所

市街や原爆ドームが見渡せる、広島タウン中心部では貴重な展望スポット。デジタルコンテンツのあるフロアやご当地みやげが充実する物産館やカフェなど、「広島」を広く体感できる。

☎082-569-6803 住広島市中区大手町1-2-1 ¥展望台大人2200円、中・高校生1400円、小学生900円、4歳以上600円 ⏰10～18時(展望台最終入場17時30分)、カフェ10～18時LO 休不定休 交広島電鉄原爆ドーム前電停からすぐ Pなし ※営業時間や定休日は公式HPでも要確認 MAP P114B1

### 緑あふれる 広島の街を見渡す

### 屋上展望台 屋上階
### "ひろしまの丘"

風が抜けるスロープ状のウッドデッキと階段が、丘のようにゆるやかなカーブを描く展望台。平和記念公園や原爆ドーム、広島市街を広く見渡すことができる。

クリームレモンスカッシュ 940円

カフェが最上階にもあり、広島の街を眺めながらドリンクを楽しめる

### アクティビティもチェック

**すべり台"くるくるくーる"**
1階から屋上展望台まで約450mをつなぐらせん状のスロープ・散歩坂の中央にはすべり台を用意。

akiko photography

**デジタルコンテンツも楽しい**
12階"おりづる広場"には、折り鶴や広島を題材にした体験型のデジタルコンテンツもある。写真は両手を羽ばたかせて、モニターの「おりづる」を動かして広島の空を飛べる「フラップ」。

## スロープを下りながらアートを鑑賞

### WALL ART PROJECT "2045 NINE HOPS"
らせん状のスロープの壁に描かれた巨大ウォールアート。広島ゆかりのアーティスト9名が「2045年への願い」をテーマに描いている。

## おりづるの壁に折り鶴を投入

### おりづる広場 12階
おりづるタワーのシンボル「おりづるの壁」は約100万羽の折り鶴を投入できる。折り鶴を投入して（別途100円）、「おりづるの壁」に参加しよう。

1 おりづるの壁はガラス張りなので折り鶴が下までひらひら落ちていく様子を見られる 2 専用の折り紙で鶴を折ったら、高さ約50mのガラスの箱に投入しよう 3 外から「おりづるの壁」が折り鶴で埋まっていく様子が見られる

1 タワー入口の横にあるテイクアウト専用カフェ 2 スパイシーレモンスカッシュ700円 3 白米のもみじ饅頭ソフト（ミックス）930円

## ご当地スイーツや軽食でひと休み

あくしゅかふぇ
### Akushu Cafe ORGANIC 屋上階
地元広島産の果物を中心に使用し、手作りのこだわりドリンクをラインナップ。テイクアウトして展望台で過ごすのもおすすめ。⏰10～18時LO 休おりづるタワーに準ずる

## ツボを押さえた広島みやげをゲット

ぶっさんかん "すーべにあ せれくと ひととき"
### 物産館 "SOUVENIR SELECT 人と樹" 1階
レモンの菓子やカキの加工品、地酒、折り鶴をモチーフにした雑貨や小物など、広島らしさあふれる約1000種類ものみやげが一堂に。1階は無料で利用できるのでふらっと立ち寄りたい。

1 王道アイテムから今どきの映えるデザインのものまで多数揃う 2 桜尾ジンオリジナル化粧箱（700㎖）2310円 3 おりづるタワーオリジナルポーチ1324円 4 おとなレモンハンドクリームfrom広島1000円 5 レモスコRED（左）、レモスコ（右）各562円

📖 i 晴れた日はおりづるタワーのひろしまの丘から宮島弥山を望むこともできる。

# 平和記念公園の後に訪れたい
# ひと休みカフェ＆レストラン

平和記念公園を歩いて、ちょっと疲れたと感じたら、
オープンエアなカフェや人気のレストランなどでひと休みしましょう。

**1** テラス席の目の前には元安川が流れる
**2** ティラミスのトッピングは季節の食材
を使用（写真は冬のティラミス800円）
**3** ガーリックバターを利かせた、焼きガ
キのエスカルゴ風2250円

かふぇ ぽんて
## Caffe Ponte

### ロケーション抜群の
### 元安橋のたもとに立つカフェ

広島平和記念公園の対岸にある、白いパラソルが
目印のオープンカフェ。開放感のある雰囲気はも
ちろん、カキなど地元の旬の食材を使った本格イ
タリアンが人気。モーニングやランチ、デザートの
ほか、コース料理を楽しめるディナーもある。

☎082-247-7471 🏠広島市中区大手町1-9-21 🕙10
〜22時（21時LO）※土・日曜、祝日、8月は8時〜 🈁無休
🚉広島電鉄原爆ドーム前電停から徒歩2分 🅿なし
MAP P114B2

ガラス張りで明るい店内で
イートインもできる

3種のパスタから選べる、ポンテおすすめ
ランチセット2750円

もとやすがわ
**元安川に浮かぶ船で**
**老舗のカキ料理を**
**いただきます**

元安川に静かにたたずむ老舗「かき船
かなわ」。専用の筏を持ち、毎朝直送
されるカキを使った本格料理が絶品。
かきづくし9900円などがおすすめ。
☎082-241-7416 MAP P114B2

りすとらんて まりお
## リストランテ マリオ

### 地元ではおなじみのお気軽イタリアン

広島に本格イタリアンを定着させたといわれ
る「マリオ」グループのレストランで、コストパ
フォーマンスの高い料理が楽しめる。たくさ
んのサラダとパスタから選べるランチ2739
円がおすすめ。
☎082-248-4956 住広島市中区中島町4-11
⏰11時30分～14時30分（土・日曜、祝日は～15時）、
17～22時 休無休 交広島電鉄中電前電停から徒歩
10分 Pなし MAP P114A3

1グアンチャーレ、ペコリーノチーズのローマ風カルボナーラ
スパゲッティ1749円 2見た目も華やかな、自家製デザート。
食後にぜひ（写真はイメージ）3まるでイタリアに来ているか
のような異国ムードあふれる店内

1自家製グラノーラ&スムージーボウル 1133円 2豆乳
クリームのしっとりマフィン（バター不使用）238円～ 3キ
ッズルーム完備。カジュアルでかわいらしい雰囲気

しば かふぇ
## SHEBA CAFE

### 子どもも安心して食べられる
### ヘルシー系フード

クリームは豆乳を用いたり、グラノーラは手
作りだったり…etc。店主の柴村さんが手
がけるのは「子どもも安心して食べられる」
フードばかり。体が喜ぶおいしさをぜひ。
☎082-293-9948 住広島市中区堺町1-1-3-102
⏰10～17時 休日・月・金曜、祝日 交広島電鉄本川
町電停から徒歩5分 Pなし MAP P112B3

こおりやゆきぼうし
## コオリヤユキボウシ

### 専門店で食べる
### ふわトロ食感のかき氷

口に入れた瞬間にふわっと溶けるふわふわ
食感のかき氷。自家製練乳や旬のフルーツ
を使用したシロップやエスプーマとよばれ
る泡のソースが人気のかき氷専門店。
☎082-248-2810 住広島市中区紙屋町1-4-
11-2紙屋町の家 ⏰10時～19時30分LO、冬期11
～18時LO 休無休（冬期は月曜）交広島電鉄原爆
ドーム前電停から徒歩3分 Pなし MAP P114C1

1中にイチゴのパンナコッタが入るカープ氷1200円 2イ
チオシの看板商品ユキボウシ1100円 3「氷」の旗がはた
めき、海の家を連想させる

平和記念公園の周りを流れる元安川と本川沿いは桜の名所としても知られています。

# 水都・広島を楽しめる
# リバークルーズがおすすめです

街の中心部を横切る京橋川など、6つの川が流れる広島タウン。
平和記念公園から発着している3つのクルーズで水都を体感しましょう。

**所要 45分**

ひろしませかいいさんこうろ
## ひろしま世界遺産航路

### 2つの世界遺産を結ぶ

平和記念公園と宮島を結ぶ人気クルーズ。船内からは違った角度から広島を楽しむことができる。11月～3月末にはカモメのエサやり体験ができることもある。

☎082-240-5955 ¥片道2200円 ⏰宮島行きは8時30分～17時10分の1日17便(潮位によって運休の場合あり)※チケット購入は乗船の15分前まで 休無料(臨時運休あり)交元安桟橋へは広島電鉄原爆ドーム前電停から徒歩3分 Pなし MAP P114B2

1 乗船券を購入したら、いざ乗船 2 人気の観光地を船から楽しめる 3 船から見える宮島。遠くから望む宮島も神秘的 4 宮島に到着！厳島神社へは徒歩約10分で着く

※カモメのエサやりは、天候・潮位などにより、できない場合があります

**所要 25分**

みにぼーと「るんるんごう」
## ミニボート「るんるん号」

### 円形がかわいい！おもしろクルーズ

丸い小さな遊覧船で、原爆ドームや相生橋、サッカースタジアムなどを水上から見学。オープンエアの開放感も気持ちよく、かわいい見た目とユニークな動きが楽しい。

☎082-258-3188 ¥1500円(前日までに要予約)⏰10時～15時40分 ※潮位によっては運航不可 休水曜(12月1日～3月15日は火・水曜)交元安桟橋へは広島電鉄原爆ドーム前電停から徒歩3分 Pなし MAP P114B2

定員6名のるんるん号はファミリーにも人気

**所要 25分**

ひろしまりばーくるーず
## ひろしまリバークルーズ

### のんびりプチクルーズを満喫

元安桟橋から出船し、本川上流で折り返す約25分のクルーズ。船長によるガイド付き。食べ物やドリンクの持込みもOKだ。

☎082-258-3188 ¥1500円 ⏰10時～15時40分の1日9便(潮位によって運休の場合あり)※チケット購入は乗船の15分前まで 休水曜(12月1日～3月15日は火・水曜)交元安桟橋へは広島電鉄原爆ドーム前電停から徒歩3分 Pなし MAP P114B2

穏やかな流れを満喫

# 昭和20年（1945）8月6日、あの夏の悲劇を忘れない

一発の原子爆弾によって、一瞬にして廃墟と化した広島の街。
あの悲劇を忘れず、世界平和を目指す「ヒロシマ」の想いを感じましょう。

原爆投下によって生じたキノコ雲（写真提供：広島平和記念資料館、撮影：米軍）

核兵器が廃絶されるまで燃え続ける平和記念公園の「平和の灯」

## 今も残る被爆電車

広島電鉄の路面電車。原爆投下後も修理を重ね走り続ける車両651・652号は市民から「被爆電車」とよばれている。

幾度の修復を経ながら、被爆時の姿が保存されている原爆ドーム

## 広島県産業奨励館だった原爆ドーム

吹き抜けのあるレンガ造りの建物は広島県産業奨励館として使われていたが、原爆によって大破。原爆の後遺症で亡くなった椿山ヒロ子さんの日記をきっかけに、被爆体験を後世に伝えるための貴重な建物として保存されることに。原爆投下当時ほぼそのままの姿で保存され、核兵器の廃絶と世界の恒久平和を訴えかけている。

大正4年（1915）竣工。地下1階～地上3階の建物だった（写真提供：広島平和記念資料館）

ほぼ爆心地で被爆しながらも奇跡的に倒壊を免れた（写真提供：広島平和記念資料館／米軍撮影昭和20年（1945）11月）

## ｛ 戦争の惨禍を通して、広島から世界恒久平和への願いを発信 ｝

昭和20年（1945）8月6日、午前8時15分。現在の大手町に人類史上初めての原子爆弾が投下された。上空約600mで爆発し、爆心地周辺の地表面の温度は3000～4000℃に達した。強烈な爆風と熱線により、半径2km以内では頑丈な建物以外は全壊全焼し、一瞬のうちにこの世の地獄と化した。同年12月末まで

の死者は約14万人に達し、後遺症などにより、今なお多くの被爆者が苦しんでいる。戦後、爆心地のそばに造られた平和記念公園は、戦争と被爆の惨禍の実相を伝え続けるための重要な役割を果たしている。「ヒロシマ」は、亡くなった方々への慰霊と世界恒久平和を願うメッセージを発信し続ける。

---

## ここも訪れたい平和を願うスポット

ふくろまちしょうがっこうへいわしりょうかん

### 袋町小学校平和資料館

被爆当時、袋町小学校の西校舎にあった真っ黒に焦げた壁に、生存者が多くの伝言を書き残した。その校舎の一部を資料館として保存している。
☎082-541-5345 ¥無料 ◷9～17時
休12月28日～1月4日
交広島電鉄袋町電停から徒歩3分
Pなし MAP P114 C2

きゅうにっぽんぎんこうひろしまして

### 旧日本銀行広島支店

爆心地のそばで被爆したが、頑丈な造りで倒壊を免れ、被爆2日後には業務を再開した。今も建設当時の姿をほぼ残している建物が公開されている。
☎082-504-2500 ¥無料 ◷10～17時
（イベントにより異なる）
休12月29日～1月3日
交広島電鉄袋町電停からすぐ Pなし
MAP P114C2

ばくしんち（しまないかいいん（きゅうしまびょういん））

### 爆心地（島内科医院（旧島病院））

原爆投下の標的はT字型の相生橋だったが、実際には南東に300mほどずれて、この病院が爆心地に。建物の横に原爆被災説明板がある。
☎082-242-7831（広島市平和推進課）
休原爆被災説明板見学自由 交広島電鉄紙屋町西電停から徒歩3分
Pなし MAP P114B1

**これしよう！**
観光スポットを
散策しましょ
広島城と縮景園はタウン
の2大観光地。周辺には美
術館なども（☞P80）。

**これしよう！**
素敵カフェで
ひと休み＆ごはん
広島っ子にも人気のカフ
ェは昼も夜も使い勝手抜群
（☞P90～95）。

お好み焼きは広
島グルメのマスト！
（☞P50～55）

**これしよう！**
広島一の繁華街で
グルメ＆お買い物
広島グルメやおみやげ、素
敵ショップが充実（☞P50
～62・82～89・96）。

広島タウン中心部は
ココにあります！

原爆ドーム
八丁堀
縮景園
広島城
紙屋町東
平和記念公園
広島駅
広島タウン
中心部

グルメ＆ショッピングはおまかせ！

# 広島タウン中心部
# （紙屋町・八丁堀周辺）

ひろしまたうんちゅうしんぶ（かみやちょう・はっちょうぼりしゅうへん）

こんなところ

地元っ子から観光客までたくさんの人で賑
わう広島随一の繁華街。広島城と縮景園が
主なみどころで、個性的なカフェやショッ
プが立ち並ぶストリートを散策するのも楽
しい。広島駅や平和記念公園から近く、グ
ルメやおみやげスポット、ホテルも多いの
で観光の拠点にもぴったり。

**access**

●広島駅電停から
・広島電鉄2・6号線などで銀山町
電停まで6分、胡町電停まで7分、
八丁堀電停まで8分、立町電停ま
で10分、紙屋町東電停まで12分、
紙屋町西電停まで14分。八丁堀電
停から9号線に乗り換え、縮景園前
電停まで3分
・広島電鉄1号線で本通電停まで14
分、袋町電停まで15分

問合せ
☎082-247-6738
広島市観光案内所
広域図 P111

# ～広島タウン中心部　はやわかりＭＡＰ～

**2 広島城**（☞P80）

**1 縮景園**（☞P81）

川沿いに立ち並ぶ
**オープンカフェ**
京橋川沿いには、景色自慢のオープンカフェが点在（☞P90）。

**6 八昌**（☞P50）

**広島筆センター**（☞P87）**3**

世界に誇る
**熊野筆をゲット**
おしゃれ女子必須アイテムの熊野筆はココで！（☞P86）

**4 広島アンデルセン**（☞P84）

**5 並木通り**（☞P88）

トレンド発信地の
**並木通り**
個性的なカフェ＆ショップが立ち並ぶストリート（☞P88）。

**じぞう通り 5**（☞P88）

広島タウン中心部

---

おすすめコースは
# 5時間

縮景園～広島城から繁華街へ。本通商店街で熊野筆のショップや人気ベーカリーを訪れ、並木通り～じぞう通りでおしゃれショップ巡り。最後はお好み焼きの名店へ。

| スタート | 1 | 2 | 3 | 4 | 5 | 6 | ゴール |
|---|---|---|---|---|---|---|---|
| | 見学 | 見学 | 買い物 | カフェ　買い物 | 買い物 | 食べる | |
| 広島電鉄 縮景園前電停 | 縮景園 | 広島城 | 広島筆センター | 広島アンデルセン | 並木通り～じぞう通り | 八昌 | 広島電鉄 銀山町電停 |
| | 徒歩3分 | 徒歩13分 | 徒歩15分 | 徒歩4分 | 徒歩5分 | 徒歩5分 | 徒歩7分 |

# 広島城～縮景園へ、観光エリアをおさんぽ

所要
約**4**時間

広島タウンの北側は、縮景園と広島城を中心に美術館などのみどころが点在します。人気のスイーツやカフェでのひと休みも楽しみ。

美術館オリジナルデザインのマスキングテープ（第2弾）も販売中。1個693円～

▲原爆ドームを模した珍しい円形の本館

◀フィンセント・ファン・ゴッホ最晩年の名作『ドービニーの庭』

START!

ひろしまびじゅつかん
## ひろしま美術館 ❶

### 印象派のコレクションは国内屈指

モネやゴッホといったフランス近代絵画と明治以降の日本近代絵画を所蔵。常設のコレクション展示のほか、随時開催されている特別展も見逃せない。広々とした中庭を眺めながら、ゆっくりと休憩できるカフェも併設。

☎082-223-2530 🏠広島市中区基町3-2 💴展覧会ごとに設定 🕘9～17時（最終入館16時30分）🈺月曜（特別展会期中は開館）🚉広島電鉄紙屋町東電停から徒歩5分 🅿なし MAP P112B2

▶展望室からは広島市街を一望。天気のいい日は宮島まで望める

徒歩13分

徒歩5分

ひろしまじょう
## 広島城 ❷

### 城下町広島が学べる歴史博物館

天正17年（1589）に毛利輝元が築城。「鯉城」ともよばれ、広島東洋カープのチーム名の由来にも。原爆で倒壊した天守閣は、昭和33年（1958）に復元したもの。館内は歴史博物館となっていて、広島城や城下町広島などについて展示を行っている。

☎082-221-7512 🏠広島市中区基町21-1 💴370円 🕘9時～17時30分（12～2月は～16時30分）🈺12月29～31日※臨時休館あり 🚉広島電鉄紙屋町東・西電停から徒歩15分 🅿なし MAP P112B1

▶周辺は緑が多く、春は桜、秋には紅葉が楽しめる

第3層の展示

市内中心部にありながらも、喧騒を忘れる優雅な空間

▲園のシンボルでもある跨虹橋（ここうきょう）

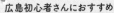

広島初心者さんにおすすめ

平和記念公園、旧日本銀行広島支店、広島城、縮景園をガイドしてくれる「広島市観光ボランティアガイド協会」。予約の申込みはHPから。ガイドについて詳しくはHPを確認。☎082-222-5577

GOAL！

## せかいへいわきねんせいどう
## 世界平和記念聖堂 ❹

### 世界平和への祈りを捧げたい

自らも被爆者であるフーゴ・ラサール神父（愛宮真備神父）が、原爆死没者や戦争犠牲者の追悼と世界平和を願い、国内外から支援を集めて昭和29年（1954）に献堂された大聖堂。国の重要文化財にも指定され歴史的価値も非常に高い建物。

▲建築家・村野藤吾の代表的な宗教建築作品として有名な建物

☎082-221-0621 🏠広島市中区幟町4-42 ¥無料 ⏰9〜17時（教会行事の時および工事中は見学不可）休無休 🚋広島電鉄銀山町電停から徒歩3分 Pなし MAP P113D2

鮮やかなステンドグラス

内部の写真撮影は禁止なので注意

## しゅっけいえん
## 縮景園 ❸

### 広島を代表する観光名所

広島藩主・浅野長晟の別邸の庭として元和6年（1620）に築成され、国の名勝にも指定されている。中国の景観を模したとされる池泉回遊式庭園で、池を中心に茶室山、渓谷、橋、大小の島々を配した造りとなっている。季節ごとに茶会も開かれる。

☎082-221-3620 🏠広島市中区上幟町2-11 ¥260円 ⏰9〜17時（期間によっては延長あり）休無休 🚋広島電鉄縮景園前電停から徒歩3分 P29台（有料）MAP P113D1

徒歩10分

💬 ちょっとひとやすみ

### 洋菓子店の人気みやげ

#### ばっけんもーつあると ちゅうおうどおりほんてん
#### バッケンモーツアルト
#### 中央通り本店

長年広島で愛されている老舗ドイツ菓子専門店。からす麦の焼きたてクッキー1430円はおみやげに人気。

☎082-241-0036 🏠広島市中区堀川町5-2 ⏰10時30分〜21時 休無休 🚋広島電鉄八丁堀電停からすぐ Pなし MAP P115D1

栄養豊富なからす麦と新鮮なアーモンドを使用したクッキー

### 水辺の紅茶カフェでまったり

#### てぃーがーでん ぷるぷる
#### Tea Garden Pul-Pul

広島では数少ない紅茶専門店。インド・スリランカ・ネパールなど、厳選された数十種類の茶葉のなかからポットサービスで紅茶をたっぷり味わうことができる。

☎082-227-3666 🏠広島市中区橋本町11 ⏰10時30分〜19時30分（17時以降要予約）休・月曜、祝日 🚋広島電鉄銀山町電停から徒歩3分 Pなし MAP P113D2

スコン3個にクロテッドクリームとジャムのセット750円。手作りの素朴な味わい

📖 縮景園の梅林は1月下旬〜2月下旬、桜は3月下旬〜4月上旬、紅葉は11月ごろが見頃。季節ごとに訪れるのもおすすめですよ。

# 広島のメインストリート・本通商店街お買い物クルージング

広島タウンのなかでもひときわ賑わいをみせる本通商店街。
おしゃれショップやみやげ物店が多い、お買い物が楽しいストリートです。

## おくりものざっかてん りしゅりしゅ
## 贈りモノ雑貨店
## LISULISU Ⓐ

### 心和む空間で贈り物に出合う

店名のとおり「贈り物」に最適なオリジナルの雑貨や作家モノを販売。白を基調とした店内には、かわいらしいデザインのハンカチやバッグ、ベビー用品などがズラリと並ぶ。

☎082-544-2633 🏠広島市中区袋町2-13 ⏰11時〜19時30分 🈺6月に1回休み 🚃広島電鉄本通電停から徒歩5分 🅿なし MAP P114C2

広島で活躍する作家さんの手作りするアイテムもたくさん並ぶ

❶広島の職人の手仕事の作品が多数。ギフトにも人気 ❷スタッフがセレクトした全国のハンドメイド作家の作品も100点以上並ぶ ❸ベビーギフトも充実している

❶上質の天然ヤギ毛を使ったこだわりの洗顔ブラシ各6820円［男女共用］ ❷職人が手作業で作った洗顔ブラシは誰でも簡単に毛穴の汚れを取り除ける人気No.1商品

## かしょうえんぶてぃっくひろしま
## KASHOEN
## ブティック広島 Ⓑ

### 老舗で高品質の化粧筆

伝統技術が作り出す高品質な化粧筆、洗顔筆、絵画筆、ネイル筆が揃う老舗。店舗ではメイク体験も実施している。おみやげはもちろん自分用にも一生ものを探したい。

☎082-249-6550 🏠広島市中区大手町2-6-1 ⏰10〜19時（土・日曜、祝日12時〜）🈺無休 🚃広島電鉄本通電停から徒歩2分 🅿3台 MAP P114B2

創業140年以上の老舗化粧筆店

❶洋酒ケーキ5個入り700円 ❷れもん塩378円 ❸花瑠&花星（おいる&おいすたー）1998円。香ばしく焼いたカキをオイル漬けした逸品はワインとも相性バッチリ ❹コリコリホルモンせんじ揚げ432円 ❺尾道ラーメン味比べ3食860円

## ひろしまゆめぷらざ
# ひろしま夢ぷらざ C

### 観光情報も手に入る！

いつも多くの人で賑わう店内には、県内各地の特産品がズラリ。生産者による日替わりの店頭販売イベントも開催される。観光情報コーナーもあり、各地の観光パンフレットなどが手に入る。

☎082-544-1122 🏠広島市中区本通8-28 🕙10〜19時 🈺無休（年末年始を除く）🚃広島電鉄本通電停から徒歩3分 🅿なし MAP P114C2

観光拠点にしたいスポット

❶広島産レモンを使用したチョコでコーティングした新銘菓のカキ殻パイ。ひっつきもっつき4個入り1080円 ❷因島のはっさくシャーベット5個入り1296円 ❸向栄堂のレモンケーキ10個2435円 ❹店内にあるファームスズキのカキフライ自動販売機で販売する牡蠣フライ4個入り1200円。電子レンジを用意しているのでその場で温めることもできる

## ながさきや
# 長崎屋 D

### 広島の名産がココに集結！

創業が明治25年（1892）という老舗のみやげ専門店。広島名産のカキ加工品や果物など、幅広い品揃えが人気。向栄堂のレモンケーキなど本店以外では入手困難な人気スイーツも販売する。

☎082-247-2275 🏠広島市中区本通6-8 🕙10〜18時 🈺無休 🚃広島電鉄本通電停から徒歩1分 🅿なし MAP P114C1

広い店舗。入口から商品が所狭しと並んでいる

❶ご当地をイメージした色のインク2420円。写真は三原ダルマレッド ❷ペン先にモミジが刻まれているオリジナルの万年筆3300円

## たやまぶんぐ　ほんどおりひるずてん
# 多山文具 本通ヒルズ店 E

### 遊び心あふれるオリジナル商品も

創業から100年以上続く老舗の文房具店。広島弁が手書きされた、のし袋や万年筆、ご当地インクなどのユニークなオリジナル商品がおすすめ。そのほか高級筆記具などの品揃えも豊富。

☎082-248-2221 🏠広島市中区本通8-23本通ヒルズ3階 🕙10〜20時 🈺無休 🚃広島電鉄本通電停から徒歩2分 🅿なし MAP P114C1

ビルの3階にあり、実用的な文房具も揃っている

広島本通商店街振興組合のフリーペーパー『Φ（ウー）』には、最新のニュースやイベントなどを掲載。本通の各店舗で配布。

# 本通にあるベーカリー・広島アンデルセンへ

全国に展開する、人気ベーカリー「アンデルセン」の旗艦店。ベーカリーだけでなくデリ、ケーキ、フラワー、ワインのコーナーもあり本格的なパンとパンの食文化を発信する。

##  ベーカリーマーケット

石窯で焼くパンなど、本格の食事用パンが豊富に並ぶ。日本で初めて発売したというデニッシュペストリーはデンマークの職人から学び続けてきたおいしさ。

こだわりのパンが勢揃い

**ダークチェリー**
367円

**スパンダワー**
324円

**本通**

ひろしまあんでるせん

## 広島アンデルセン

### パンのある暮らしを発信するショップ

昭和42年(1967)にオープンした広島の老舗ベーカリー。ベーカリーやレストランのほか、デリ、ケーキ、フラワー、ワインなどが並び、パンのある暮らしを紹介している。屋外のヒュッゲパークでは店内で購入したパンとドリンクを楽しむことができる。

☎082-247-2403 🏠広島市中区本通7-1 ⏰1階10時～19時30分、2階レストラン11～21時 ※土・日曜、祝日は7時30分～ 休不定休 🚃広島電鉄本通から徒歩3分 🅿提携駐車場あり(有料) 📍MAP P114C2

##  アンデルセンキッチン

石窯グリル料理をはじめ、サンドイッチやパンを楽しむデリカテッセンを少しずつ盛り合わせたプレートが評判。午後からはティータイム、夜は季節に合わせたビュッフェも人気。

土・日曜、祝日は朝7時30分から朝食メニューも提供

##  パーティフロア

大小4つのパーティルームを完備。プライベートキッチンがある個室は少人数で利用でき、目の前でシェフが作る料理を味わえる。

# 広島アンデルセンの
## お楽しみいろいろ

## 自慢のパンを気軽に楽しむなら

### サンドイッチ 1〜2階

自慢のサンドイッチは広島で愛されてきた味。1階のサンドイッチスタンドと、2階のレストランではできたてを提供する。

◀1階のサンドイッチスタンドでは7時30分から朝食メニューを提供。写真はハムとチーズのメルトサンド

▼広島熟成どりのクラブハウスサンド1550円はアンデルセンイギリスにふっくらと焼き上げた広島熟成どりのサンド。2階のアンデルセンキッチンで楽しめる

### 本格派の味を自宅でも!

▼パンと合わせて楽しんでほしいベーカリーならではのデリカテッセン

▲いずれのメニューも厳選食材を使用。好きな量で買える手頃さも◎

### デリカテッセン 1階

パンのある食卓を彩るサラダなどのデリは、館内に設けられたキッチンから作りたてが運ばれてくるのがうれしい。

### スイーツやワインも見逃せない!

### ワイン 1階

ソムリエが常駐し、目的に合う一本を選んでくれる。テイスティングカウンターで厳選した銘柄を楽しむことも。

▲ワインコーナーには約600本がラインナップされている
◀アンデルセンファームワイン(幸・志)各2500円

▶いちごのケーキ1個594円

### デニッシュ&スイーツ 1階

贈り物や自分のご褒美にしたくなるケーキや焼き菓子が並ぶ。

◀チョコレートケーキ1個594円

▶リュッケ(クッキー缶)は2484円

### 本店限定のパンをチェック!

### ベーカリー 1階

多彩なレパートリーで約100種類のパンがお待ちかね。広島アンデルセン限定商品もあり。おみやげにして家で楽しむのも◎。

▲ひろしまサワーブレッド972円

◀the Bread 864円

### ギフトにいかが?

### ギフト 1階

パンとワイン、焼き菓子とフラワーなど館内にある商品を予算や希望に合わせてギフトにできる。季節の挨拶や大切な方への贈り物におすすめ。

▶ワインとフラワーのギフトボックス

📖 パンと素材のシンプルな組み合わせが楽しめるサンドイッチ。テイクアウトして近くの公園で味わうのもおすすめ。

# 女子力アップのマストアイテム、憧れの熊野筆

海外のメイクアップアーティストからも高く評価されている熊野筆。
職人が手作りする化粧筆は、美を追求する女子なら絶対手に入れたい品です。

お化粧タイムがもっと楽しく！

**1** リップブラシ 美しいラインを描く必須アイテム。SS5-1リップブラシ3850円
**2** アイシャドウブラシ 粉ふくみがよく、肌当たりのやさしいアイシャドウブラシ。4-1アイシャドウベース3460円
**3** パウダーブラシ ふわっとやさしく肌になじみ、自然な透明感が生まれる。1-2パウダー灰リス9950円
**4** チークブラシ 簡単にナチュラルな血色をプラス。2-2チーク灰リス7130円
**5** 筆ケース 19cmまでの筆が6アイテムも収納できる筆巻き。筆巻きハーフ3800円

**SS series**
180年の歴史をもつ熊野の筆づくりから生まれた、世界に誇る熊野「化粧筆」の技術を存分に実感できるこだわりが盛り込まれたシリーズ。
**SHOP B**

## 熊野筆って？
広島市の南東に位置する安芸郡熊野町の伝統的工芸品。その歴史は約180年に及び、現在は化粧筆、書道筆、画筆といずれも国内生産の80%以上を誇る。使い心地抜群の化粧筆は化粧の仕上がりをワンランクアップしてくれる。

**美しさを生みだす豊かな道具**
**S100 フィニッシング** 斜め 1万9910円（写真左）
**S103 チーク・ハイライト** 尖り 1万6830円
ヤギの毛を使用。適度なコシと肌ざわりのよさを併せ持つ。
**SHOP C**

**使うたびにキュンとくるハート型ブラシ**
**洗顔ブラシ ハート（中）** 2750円
ピンクの毛色とハートの形がかわいい洗顔用ブラシ。メイク用としても使える。
**SHOP A**

**プロも認める品質と極上の肌ざわりにうっとり**
**パウダーブラシ** S⑪パウダー 4950円
持ち運びにも便利なコンパクトサイズ。やわらかくなめらかな肌ざわりが人気。
**SHOP B**

広島空港でも買える！

## ANA FESTA
えーえぬえー ふぇすた

☎0848-86-8765

空港内の手荷物検査場通過後にある、定番の広島みやげなどを取り扱うショップ。熊野筆も取り揃えている。※下記で紹介の商品とは異なります

住三原市本郷町善入寺64-31 🕐6時50分〜20時 休無休 P3800台(有料) 交広島空港内 MAP付録裏I2

### ひと足延ばして筆の都 熊野町へ

熊野町の「筆の里工房」では、筆の歴史や筆づくりの実演などを紹介。館内にはショップも併設。書筆や画筆、化粧筆約1500種類を販売。

☎082-855-3010 MAP付録裏E3

選び抜かれた素材が決め手

① **チークブラシ**
KCP-6 5720円

② **リップブラシ**
ピンク 1925円

③ **シャドーブラシ**
KCP-8 2970円

④ **フェイスブラシ**
KCP-7 9350円

⑤ **シャドーライナー**
KCP-2 1694円

⑥ **コーム&ブラシ**
KCP-1 1309円

イタチや馬の毛など、用途に適した素材を使用し、肌なじみのよい筆に仕上げている。

SHOP Ⓐ

**毛筆セット**
4620円

墨汁の吸いつきがよく、なめらかに書き続けられる筆。家族や目上の方へのプレゼントにもおすすめ。

SHOP Ⓐ

書道用も秀逸！

---

**大手町**
ひろしまふでせんたー

## 広島筆センター Ⓐ

### 国内外から愛好家が集う

本通商店街に位置。書道筆やメイク用筆などバラエティ豊かな商品が並び、その品揃えは県内でも有数。筆選びの相談にも対応してくれるのでお気に入りの一本をゲットしよう。

☎082-543-2844 住広島市中区大手町1-5-11 🕐10〜19時 休月1回不定休 交広島電鉄紙屋町西電停から徒歩3分 Pなし MAP P114B1

---

**広島駅直結**
くまのふでせれくとしょっぷ ひろしまてん

## 熊野筆セレクトショップ 広島店 Ⓑ

### 熊野筆アドバイザーが常駐

伝統的工芸品・熊野筆の老舗24社からセレクトした書筆・画筆・化粧筆など約350種類もの熊野筆を販売するオフィシャルショップ。広島に来たからには熊野筆に触れてみたい。

☎082-568-5822 住広島市南区松原町1-5JR広島駅新幹線口・ホテルグランヴィア広島1階 🕐10〜19時 休無休 交JR広島駅直結 Pなし MAP P112A1

---

**胡町**
はくほうどう ひろしまみつこしてん

## 白鳳堂 広島三越店 Ⓒ

### 白鳳堂のフラッグシップショップ

熊野町にある筆メーカー「白鳳堂」のショップ。グッドデザイン賞を受賞した「S100シリーズ」をはじめ、品質もデザインも洗練された、上質な筆が揃う。

☎082-242-3488 住広島市中区胡町5-1広島三越1階化粧品売場 🕐10時30分〜19時30分 休不定休(広島三越に準ずる) 交広島電鉄胡町電停から徒歩1分 P広島三越駐車場利用 MAP P115D1

---

📖 熊野筆は、毛や軸などの材料が筆の用途によって使い分けられています。化粧筆にもさまざまな動物の毛が使われ、肌ざわりも異なります。

# こだわり雑貨店&
# アパレルショップ巡り

路面電車でかわいらしくて洗練された注目の雑貨店をはしごした後には
並木通りとじぞう通りを散策しながら、おしゃれなアパレルショップに立ち寄りたい。

おしゃれなショップ
が並ぶ並木通り

はちよん
## 84

### 暮らしが楽しくなる衣食住ストア

「実際に食べたり、使ったりして良かったもの」をセレクトした、衣食住にまつわるさまざまなアイテムが並ぶ。幅広い品揃えは大切な人へ贈る旅先でのプレゼント探しにも最適。

☎082-222-5584 住広島市中区幟町7-10 ⏰13〜17時 休日・水曜 交広島電鉄胡町電停から徒歩3分 Pなし MAP P113D2

店内には雑貨だけではなく、食品も並ぶ

❶肌あたり抜群のオーガニックコットン大判ハンカチ1430円❷保温＆保冷に優れたオリジナル水筒3960円❸甘さ控えめで濃厚なおいしさが人気の生アーモンドバター972円

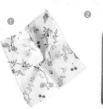

肌ざわりや使い心地のよい衣類も揃う

❶ミミヤマミシンのしみブローチとしみピアス2750円❷how to liveのCoin Caseはカードや小銭などを入れるのにぴったり 赤・黄9900円、白8800円

大通りから少し入ったところにある。ナチュラルなレイアウトがステキ

店内奥までアイテムがズラリと並ぶ

じょん ぶりあん
## Jaune Brillant

### ぬくもりあふれる
### 商品が人気

店名のとおり、決して派手ではないけれど温かみのある商品が店内にはたくさんある。多彩で個性的なデザインのバッグからブローチ、古雑貨を使ったリメイクの逸品がお待ちかね。

☎082-211-2188 住広島市中区上幟町3-7 ⏰11〜18時 休月・火曜 交広島電鉄縮景園前電停から徒歩3分 Pなし MAP P113D2

## ぱりご ひろしまてん
# PARIGOT 広島店

### 国内外300ブランドが揃う高感度セレクトショップ

STELLA McCARTNEY、MM6 Maison Margiela、HYKE、TOM WOODなど人気ブランドをラインナップ。JAPANDENIMをはじめとしたデニムの品揃えも豊富。

☎082-504-8411 住広島市中区新天地4-27アクセ広島2・3階 ⏰11〜20時 休不定休 交広島電鉄八丁堀電停から徒歩5分 P なし MAP P115D2

❶日本発、デニムを極めたブランド「JAPANDENIM」❷サステナブルの先駆者的ブランドSTELLA McCARTNEYのバッグ

## れせぷしょんひろしまてん
# Reception広島店

### 質の高い大人なアイテムを豊富に取り揃える

10年後も色褪せない定番ブランドを取り扱うセレクトショップ。トレンドを押さえたファッションはもちろん、ユニセックスで展開する質の高いアイテムを多数取り揃えている。

☎082-544-2415 住広島市中区三川町3-16ハイマート栗原1階 ⏰11〜20時 休不定休 交広島電鉄八丁堀電停から徒歩5分 P なし MAP P115D2

ガラス張りのおしゃれな外観が印象的

❶フレンチカジュアル不朽の定番。SAINTJAMESのコットンシャツ❷世代を問わず愛されるBIRKENSTOCKの人気モデルBOSTON

メンズ、レディスともにバリエーションは豊富

## はーべすと
# HARVEST

### ザ・アメカジテイストのおしゃれなアイテムが人気

木材のぬくもりあふれる店内には、カジュアルなアメカジアイテムが数多く揃う。「HOLLYWOOD RANCH MARKET」や「BLUE BLUE」などを中心にバッグや小物も豊富に展開する。

☎082-249-6563 住広島市中区小町8-7ラ・プリマ・ヴィラ1階 ⏰11〜20時 休不定休 交広島電鉄中電前電停から徒歩6分 P なし MAP P115D4

❶HOLLYWOOD RANCH MARKET ストレッチフライスレディースハーフスリーブ各6600円❷BLUE BLUEライトデニム2ポケットシャツ1万4300円

白を基調とした外壁にお店のロゴが映える

 並木通りではアートマルシェやライトアップなど、一年を通してさまざまなイベントを開催しています。

# 京橋川オープンカフェ通り、水辺の特等席でリラックス

京橋川沿いには、開放的なオープンカフェが点在しています。
心地よい風を感じながら、優雅なひとときを過ごしませんか。

晴れた日はテラス席でのんびりと

ふれっくす かふぇ ちゃってぃ
## FLEX Cafe Chatty

### フレンチのシェフが手がける
### こだわりの料理が評判！

ホテルの1階にある川沿いのおしゃれなカフェ。ランチは数種類のパスタから選ぶことができ、カフェタイムに見た目◎な手作りのスイーツとドリンクを提供。ディナーは照明を落とした雰囲気のよい空間でフレンチのコース料理を楽しめる。

☎082-223-1000（ホテルフレックス）㊂広島市中区ホテルフレックス1階 ⏱ランチ11時30分〜14時LO、ディナー完全予約制貸切のみ営業 ㊡水曜 ㊢JR広島駅から徒歩7分 ㋎なし ⓂⒶⓅP113D2

❶パスタにサラダが付くランチメニューは手頃な価格がうれしい ❷季節の食材を使用したプチコース。メインは魚と肉から選べる ❸手作りバスクチーズケーキ。デザートはすべてフレンチシェフによるお手製

| ラムレーズンケーキ | スコン | リバティー | マーズ |
|---|---|---|---|
| 750円 | 750円 | 640円 | 640円 |

まだまだ人気メニューがあります！

自家製ラムレーズンたっぷり(Tea Garden Pul-Pul)

スコンが絶品(Tea Garden Pul-Pul)

杏クリームとキャラメルムースが相性抜群(MUSIMPANEN)

木苺とヘーゼルナッツのムースが入る(MUSIMPANEN)

---

てぃー がーでん ぷるぷる

# Tea Garden Pul-Pul

## 上質なリーズナブル
## 水辺のティーガーデン

広島市内を流れる6本の川の一つ京橋川を臨む水辺に立つ紅茶専門店。紅茶インストラクターであるオーナーが仕入れる茶葉は、定番から希少なものまで多岐にわたり、もちろん高品質。素材を十分に生かした手作りスイーツも絶品だ。おいしい紅茶で至福のひとときを。

☎082-227-3666 住広島市中区橋本町11 ⏰10時30分〜19時30分 (17時以降要予約) 休日・月曜、祝日 交広島電鉄銀山町電停から徒歩3分 Pなし MAP P113D2

❶優雅で芳醇。適度な渋みが特徴のディンブラ660円 ❷天気のよい日にはテラス席でほっこりとティータイムを ❸床にはクッション材を使用する配慮も。個室もあり ❹店内には珍しい紅茶の缶がズラリと並んでいる！

広島タウン中心部 ●京橋川オープンカフェ通り

---

むっしむぱねん

# MUSIMPANEN

## カフェスペース併設のパティスリー
## 見た目も美しいケーキに感動

広島でおいしいケーキ店の代表格。パティシエの川本さんによる創作スイーツは、素材の絶妙な組み合わせが特徴。お酒と楽しめるスイーツもあるので、大人のカフェタイムを川沿いの心地よい風とともに過ごすことができる。カフェ利用だけでなくテイクアウトも。

☎082-246-0399 住広島市中区銀山町1-16 ⏰10〜19時、カフェ10〜18時LO(土・日曜、祝日は〜17時LO) 休火曜、ほか不定休 交広島電鉄銀山町電停から徒歩3分 Pなし MAP P115F1

❶ヴァニーユ682円と甘口の白ワイン700円は相性がバッチリ ❷穏やかな京橋川の流れを眺めながら優雅なひとときを過ごせる ❸混み合うことも多いので時間帯をずらして ❹ショーケースに並んだケーキから選んで注文して席へ

---

📖 京橋川沿いのオープンカフェは水辺の魅力を生かす町づくりの一環として始まりました。

# 広島っ子支持率120％の
# 人気カフェでランチタイム

広島タウンを散策中にランチタイムを迎えたら、
居心地抜群の人気カフェで過ごすのもおすすめです。

＋
ガレットランチ コンプレ
1000円
ハムとチーズと半熟卵を
包んだ、そば粉でできた
ガレット。

ティー
タイムなら
パンケーキ
コームハニー
1700円

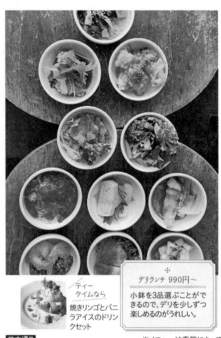

＋
デリランチ 990円～
小鉢を3品選ぶことがで
きるので、デリを少しずつ
楽しめるのがうれしい。

ティー
タイムなら
焼きリンゴとバニ
ラアイスのドリン
クセット

※メニューは季節によって
変更あり

本通
めらんじゅ どう しゅはり ひろしま
## MELANGE De SHUHARI 広島

**焼きたてガレットとシードルで贅沢ランチ**

フランスのカフェをイメージし
た、白を基調にしたモダンなお
店。1階ではケーキやマカロンを
販売し、2階のカフェではフラン
スのランチで定番のガレットが
味わえる。ランチのセットドリン
クにはシードル（リンゴの微発
泡酒）もあり。
☎082-249-1404 ⓰広島市中区
本通8-8 ⓮11～20時（19時LO）※
ランチは月～金曜のみ（15時LO）⓱
不定休 ⓴広島電鉄本通電停から徒
歩3分 ⓟなし MAPP114C2

1 2階のカフェは洗練された空
間 2 マカロン1個220円で販売

並木通り
かふぇ しとろん
## cafe Citron

**おもてなしの心を添えた心地よい接客が高ポイント**

レトロビルの2階で営業するカフ
ェ。「和のおもてなしの心を添え
た」接客が評判で、昼夜問わず
快適に利用することができる。ラ
ンチには小鉢3つと五穀米など
がセットになったデリランチがお
すすめ。
☎082-247-4106 ⓰広島市中区小町
1-1 2階 ⓮11時30分～21時LO（金・
土曜、祝前日は～22時LO、土・日曜、祝
日9時～）⓱無休 ⓴広島電鉄中電前電
停から徒歩5分 ⓟなし MAPP115D3

1 大きな窓から陽光が差し込む
開放的な空間 2 パフェも人気

**地元産素材の具が自慢 握りたての おいしさをぜひ！**

緑豊かな公園のベンチに腰掛けて気軽にランチを楽しみたいなら、「おにぎり仁多屋 本店」の利用をぜひ。あなご314円、広島菜のおにぎり303円などが人気。☎082-546-0144 **MAP**P114B3

╬
**45のプレートランチ**
**1850円**
旬の食材を使用した全14種類の和と洋のお惣菜を盛り合わせた懐石。

**ティータイムなら**
抹茶とチーズが濃厚な宇治抹茶のチーズケーキ750円

袋町
きゃらんとさんく

# 45

## 地元食材とワインを楽しめるフレンチビストロ

名店「太田荘」跡地を引き継いだワインビストロ45。和と洋を融合した食事と厳選ワインとの組み合わせが楽しめる。

☎082-545-1225 住広島市中区袋町1-18 時ブランチ9〜11時、ランチ11〜15時、ディナー15〜23時 休無休 交広島電鉄立町電停から徒歩5分 Pなし MAPP114C2

1前衛的なデザインの建物が印象的 2格式ある雰囲気

╬
**週替りの定食**
**1250円**
料理は和食がベース。栄養バランスばっちりでヘルシー派も大満足。

**ランチの後には**
デザートプレート800円

榎町
ぷらまいな/せかんど

# Pramaina/SECOND

## 女性にうれしい！ カラダが喜ぶヘルシーごはん

戸河内（広島県）産の野菜や減農薬米を使ったメニューは、ボリューム満点で栄養バランスも◎。すべて手作りにこだわっていて、なかにはテイクアウトできる商品もあり。ほかに自家製酵素ドリンクもおすすめ。

☎082-295-6636 住広島市中区榎町11-4 時11〜17時LO※ランチは15時LO 休月曜（日曜は不定休）交広島電鉄土橋電停から徒歩5分 Pなし MAPP112A3

1店内はアットホームな雰囲気 2毎朝焼き上げる焼き菓子も

 本通周辺には、お茶専門店や見た目が◎なケーキを提供するカフェが集まります。

# タウン散策のブレイクタイムは
# ハイレベルなスイーツとともに

厳選素材のケーキや世界が認める銘菓など、絶品スイーツが揃う広島。
テイクアウトはもちろん、イートインで楽しめるお店もいっぱいです。

季節の果実を
シブーストに

### 青リンゴの
### シブースト
**702円**
季節替わりのフルーツを使った人気商品。青リンゴは1〜4月ごろの販売 A

イチゴとクリームの
贅沢ショートケーキ

季節の味を
詰め込んで

### 季節のフルーツタルト
**886円**
旬のフルーツをたっぷりのせた人気No.1商品。サクサクのタルトも美味 F

フルーツと
チーズのマリアージュ

### 季節のチーズタルト
**842円**
クリーミーなレアチーズケーキをタルトと合体させ季節のフルーツをトッピング F

### イチゴと根釧台地酪農家の
### ショートケーキ
**584円**
焼きたてふわふわのスポンジと、純生クリームがなめらかな、イチゴをのせたショートケーキ B

---

**見た目も美しいスイーツが人気**

銀山町

むっしむぱねん
## MUSIMPANEN A

川沿いにたたずむ人気のパティスリーカフェ。厳選した素材を生かしたこだわりのスイーツが評判。

☎082-246-0399 住広島市中区銀山町1-16 ◷10〜19時、カフェ10〜18時LO（土・日曜、祝日は〜17時LO）休火曜、ほか不定休 交広島電鉄銀山町電停から徒歩3分 Pなし MAPP115F1

**こだわりの厳選素材で作る**

鉄砲町

くらーくしーげる てっぽうちょうほんてん
## CLARK SHIEGEL
## 鉄砲町本店 B

くちどけのよい特選純生クリームや旬のフルーツを使用したスイーツを展開する。

☎082-502-0300 住広島市中区鉄砲町8-6 ◷9〜18時（カフェは17時30分LO）休月曜（要問合せ）交広島電鉄八丁堀電停から徒歩2分 Pなし MAPP112C2

**青果店ならではのスイーツ**

本通

ふるーつかふぇたまる
## フルーツカフェタマル C

広島県下最大規模の青果店が経営するカフェ。旬の完熟果物を使ったスイーツが人気。

☎082-249-8246 住広島市中区本通1-27 ◷10〜19時 休不定休 交広島電鉄立町電停から徒歩1分 Pなし MAPP115D1

甘さ控えめの
大人スイーツ

**懐かしい味わいのバターケーキ**
県民に愛される老舗「長崎堂」のバターケーキは、午前中で売り切れることもしばしば。中サイズ1400円。☎082-247-0769 🕘9時〜15時30分(完売次第終了)🏠日曜、祝日 **MAP**P115D2

ラズベリーソースと
バタークリームがマッチ

**白あんチョコレートケーキ**
**701円**
ヴァローナ社のビターチョコを使った生地で白餡と渋皮栗をサンド E

**フルーツパフェ**
**1650円**
底までぎっしり詰まった、みずみずしい果物の甘みに思わずうっとり C

フルーツの
甘さに感激！

**ザントマッセ**
ドイツのバタークリームのケーキ D

創業から続く
人気のケーキ

**ザッハトルテ**
芳醇なカカオの香り。アリバチョコレートをブレンドした贅沢な味わい D

---

懐かしいオーソドックスな味

堀川町
ぱっけんもーつあると ちゅうおうどおりほんてん
**バッケンモーツアルト**
**中央通り本店** D
店内でケーキやコーヒーをゆっくり楽しめるほか、みやげや贈り物にぴったりのお菓子も充実している。
☎082-241-0036 🏠広島市中区堀川町5-2 🕘10時30分〜21時 🏠無休 🚃広島電鉄八丁堀電停からすぐ Ｐなし **MAP**P115D1

和洋折衷スイーツに感激！

胡町
らく やまだや ゆいのいおり
**RAKU 山田屋 結の庵** E
もみじまんじゅうで有名な「やまだ屋(☞P41)」が手がけるカフェ。和素材を使った新感覚スイーツが話題。
☎082-248-0090 🏠広島市中区胡町5-1広島三越6階 🕘11時〜18時30分(18時LO) 🏠不定休(広島三越に準ずる) 🚃広島電鉄胡町電停から徒歩1分 Ｐなし **MAP**P115D1

お目当てはシンプルスイーツ

新天地
まりお でざーと なみきどおりてん
**MARIO DESSERT**
**並木通り店** F
季節のフルーツがどっさりのったタルトやロールケーキなどが自慢。
☎082-544-4956 🏠広島市中区新天地4-8 🕘11時〜21時 🏠無休 🚃広島電鉄八丁堀電停から徒歩4分 Ｐなし **MAP**P115D2

📖 もみじまんじゅうの印象が強い広島ですが、実は洋菓子の激戦区。いろいろ食べ比べてみるのもおすすめです。

# 大人の楽しみ方はさまざま
# 今夜のディナーは広島タウンで

広島タウンには、洗練されたレストランから居心地のよいカフェまでナイトスポットが充実。
目的にあったおいしい料理とおしゃれな空間で、最高の夜を過ごしましょう。

---

夜カフェ

すず かふぇ
## SUZU CAFE

### 一日中使える
### カフェダイニング

シェラトングランドホテル広島
に隣接した2階にあるラグジ
ュアリーなカフェ。ランチから
ディナーまで昼夜問わず過ご
せるのがうれしい。多彩なフ
ードと自家製スイーツが評判。

☎082-568-5455 住広島市東区
若草町12-1アクティブインターシティ広
島2階 ⏰11〜23時 🚉JR広島駅か
ら徒歩1分 Pなし MAPP112B1

1アンティークソファが並ぶゴージャ
スな空間 2花壇に見立てたバーニャ
カウダ1000円はイタリアピエモンテ
の本格的なオリジナルソースで味わう
3焦がしキャラメルの濃厚チーズケー
キ600円 4国産牛のランプ肉が手
頃な価格で味わえる自慢の一品

······ おすすめメニュー ······
✢  国産牛の  ✢
直火焼き
2500円

---

鉄板焼

てっぱんやき ざざ かじゅある
だいにんぐ
## 鉄板焼 zaza
## Casual Dining

### モダンな空間で絶品の
### 鉄板料理を満喫して

モダンな空間で鉄板焼を提
供。黒毛和牛や新鮮なシー
フードは、手際よく焼き上げうま
味を凝縮、絶品の味わいに。
お好み焼きとたこ焼きを融合
させた自慢のzaza焼も必食。

☎082-222-8883 住広島市中区
幟町15-9藤本ビル2階 ⏰18〜23
時(22時LO) 休日曜、祝日 🚉広島電
鉄銀山町電停からすぐ Pなし
MAPP115E1

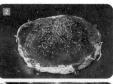

1ディナーコースには広島牛を使用した
黒和牛のヒレステーキが味わえるコース
も 2名物のzaza焼 肉玉そば(うどん)
880円 3モダンな空間で鉄板焼を味わ
える

······ おすすめメニュー ······
✢ 黒毛和牛ヒレステーキ ✢
(100g) 2050円

# サンフレッチェ広島の拠点 「まちなかスタジアム」が誕生

サンフレッチェ広島の新しい拠点「エディオンピースウイング広島」が誕生。
市民に愛される新たなランドマークとして注目を集めている。

**基町**

えでぃおんぴーすういんぐひろしま

## エディオン
## ピースウイング広島

### 大迫力の観戦が叶う
### まちなかスタジアム

プロサッカーチーム・サンフレッチェ広島の新たなホームスタジアムとして開業した新サッカースタジアム。広島城に近く、街の中心部にあり、約3万人を収容することができる大型スタジアムだ。

☎082-512-1025 🏠広島市中区基町15-2-1 🕐休イベントにより異なる 🚃広島電鉄原爆ドーム前電停から徒歩10分 🅿224台 MAP P111D1

1 座席は全42種類。一番前の席は、ピッチまで約8mの近さで臨場感たっぷり 2 開放的な屋根をもつ全天候型スタジアム。32m×9mの大型ビジョンも設置している 3 360度ぐるりとスタジアムを囲むコンコースには、ワールドワイドな飲食店が並ぶ

## 「見学ツアー」に参加しよう！

選手目線の体験やガイドによる裏話が聞けるスタジアムツアー。初心者からサッカーファンまで楽しめるので、観光スポット感覚で気軽に参加できる。

### 見学方法

予約方法：公式WEBサイトより事前予約

料金：【基本コース＋サッカーミュージアム】1800円、小・中学生1600円

【プレーヤーズアクティビティ（選手なりきり）】2800円、小・中学生2600円

▶ツアー参加者にはオリジナルパスをプレゼント（※画像はイメージ）

PEACE WING
STADIUM TOUR

### 併せて立ち寄りたい

**基町**

ひろしまさっかーみゅーじあむ

## 広島サッカーミュージアム

### 魅力満載のサッカー博物館

被爆からの復興とサッカーの関わりや体を動かしながら楽しめる体験型コンテンツといった魅力が満載のサッカーミュージアム。

☎082-512-1025 🏠エディオンピースウイング広島 東スタンド1階 ￥500円、小中学生300円 🕐10〜18時（最終入場17時30分）休臨時休館あり 🅿224台 MAP P111D1

**これしよう！**
## ひと足延ばして マツダミュージアムへ

クルマづくりの歴史や技術が学べるミュージアム（☞P105）。

**これしよう！**
## マツダ スタジアムで 野球観戦！

広島東洋カープの本拠地。さまざまなスタイルで野球観戦ができる（☞P104）。

**これしよう！**
## 駅ビル内で名物グルメ &おみやげ選びを満喫

カキや海鮮などのご当地グルメや人気のおみやげが大集合（☞P100・102）。

広島駅周辺は ココ！

```
縮景園
JR広島駅
JR山陽本線
山陽新幹線
広島駅
広電本線
的場町
MAZDA
Zoom-Zoom
スタジアム 広島
京橋川
猿猴川
広島市現代美術館
比治山公園
```

広島観光はココから始まります

# 広島駅周辺
ひろしまえきしゅうへん

おみやげにはっさくゼリーはいかが？
（☞P102）

**こんなところ**

広島の玄関口・JR広島駅。その前には、市内観光の足として欠かせない広島電鉄広島駅電停がある。ご当地グルメが味わえる飲食店やおみやげ店などが集結した駅ビルは、旅の強い味方。広島東洋カープの本拠地、マツダ スタジアムも駅から徒歩圏内だ。

**access**

●広島空港から
直通リムジンバスでJR広島駅新幹線口まで50分
●宮島から
宮島口駅からJR山陽本線で広島駅まで27分

**問合せ**
☎082-247-6738
広島市観光案内所
**広域図** P111

**高速バスの発着は新幹線口**
地方からの高速バスや広島空港リムジンバスの発着はココ。

**魅力的な駅弁がいっぱい！**
駅ビルや駅構内では、広島名物が詰まった駅弁を販売（☞P101）。

**愛友ウォークで球場まで直行**
マツダ スタジアムへのアクセスは、愛友ウォークを使うのが便利。

**JR広島駅**
（☞P100・102）

**MAZDA Zoom-Zoom スタジアム 広島**
（☞P104）

**そびえ立つ巨大な高層ビル**
南口の新ランドマーク、地上52階建てのビッグフロントひろしま。

**駅前のランドマーク！**
話題のモール・エキシティ・ヒロシマ。飲食店も充実している。

**野球観戦前にショッピング！**
会員制スーパーのコストコ広島は、球場のすぐそばに立地する。

**駅周辺にはホテルが多数点在**
駅に近いホテルは観光にも買い物にも便利（☞P108）。

**観光のヒント**
**駅の観光案内所とロッカーについて**
観光案内所は、JR広島駅南口1階コンコースと新幹線口2階コンコースの2カ所にある。コインロッカーは1階に5カ所、2階に4カ所設置されている。

広島駅をチェック

ホテルグランヴィア広島 P.108
シェラトングランドホテル 広島 P.108
空港リムジンバス
タクシーのりば
新幹線口
広島駅
新幹線口から南口へは、地上通路を利用
連絡通路
地下1自由通路
連絡通路（橋）
ekie
南口
地下通路　新幹線改札内

**⋯⋯おみやげはekie2階でGET⋯⋯**

**ekie おみやげ館**（えきえ おみやげかん）
中四国最大級のおみやげゾーン。広島＆瀬戸内の魅力を存分に体感できる。

**しま市場アバンセ**（しまいちばあばんせ）
品質にこだわる広島発のスーパーマーケットによる、ekie限定のコンセプトショップ。

**しま商店**（しましょうてん）
広島や瀬戸内の雑貨を集めたセレクトショップ。食品以外ならココがおすすめ。

広島駅周辺

# 広島駅で名物を食べ尽くす！
# 駅ナカグルメを満喫

> 駅周辺のお好み焼き店はP54を見てね！

広島の玄関口、JR広島駅の駅ナカにある商業施設・ekieには、瀬戸内海の魚介やご当地グルメが味わえるお店がいっぱいです。

---

**ekie DINING TERRACE／1階**

**カキ料理**
かいぞくりょうりとかきのみせ
むらかみかいぞく
## 海賊料理と牡蠣の店
## 村上海賊

### 新鮮魚介を使った多彩な料理

室町～戦国時代の「村上海賊」がテーマ。焼きガキ、蒸しガキ、カキフライなどさまざまな調理法でカキを楽しめるのがうれしい。鍋、船盛、釜飯などボリューム満点のメニューや、牛コウネ、お好み焼など、広島の名物メニューも提供する。

☎082-258-3966 ⏱15～24時

> 牡蠣のガンガン蒸し（500g）1309円など
> 広島県産のカキを使用。とことんカキを楽しみたい人におすすめのメニュー。1kgは2299円。

▶ゆっくりくつろげる個室も

---

**ekie DINING／1階**

**寿司**
すしたつ
## すし辰

### 地元で評判のグルメ回転寿司

豪快なネタのサイズが話題の回転寿司店。ほとんどの寿司が地元の市場から仕入れた新鮮な魚介を使い、コスパ抜群で握りたてを楽しむことができるので地元の人にも人気がある。誰もが驚く山盛りのネタがのる「びっくりねぎとろ」350円は店の人気メニュー。旬の時期ごとに旬の魚介を使ったメニューも登場。

☎082-207-3308 ⏱11～22時

> 天然小あじの姿握り
> 310円
> ビジュアル◎で、プリッとした食感を楽しめる。骨を無料で唐揚げにしてくれるサービスも。

▶移動の合間にサクッと食べに来る客も多い

---

\ **ekie KITCHEN** /

ekie KITCHENでは、軽食やスイーツをテイクアウトOK。その場で食べられるスタンドもある。

たてまちかぬれぷらす
### 立町カヌレ＋

洋菓子「カスターニャ」直営のカヌレ専門店。外はカリッと中はしっとりとしたバニラ香る上品な味わい。

☎082-569-6712
⏱10～21時
▶カヌレ230円～。季節限定も登場

びーるすたんどしげとみ えきえ
### ビールスタンド重富 ekie

現代と昭和初期のサーバーを併用し注ぎ方にこだわるビール専門店。1杯700円。

☎082-569-5610
⏱10時～20時45分LO
▶さまざまな注ぎ方のビールが味わえる

もみじどう えきえてん
### もみじ堂 ekie店

もみじまんじゅうを揚げた"揚げもみじ"の元祖。瀬戸内レモンなど1個200円で販売。

☎なし ⏱10～21時
▶サクッともっちり揚げもみじ

**名店・新店がひしめく 活気ムンムンの「エキニシ」に注目！**

人気店が点在し、注目のニューカマーも続々と誕生しているナイトスポットゾーン。広島駅のすぐ西側に位置することから地元民は「エキニシ」とよんでいるそう。**MAP**P112A2

---

**ekie DINING／1階**

海鮮料理 **酔心**（すいしん）

## ふっくらと炊き上げた釜めし

創業から70年超の郷土料理の老舗。瀬戸内の魚介を使う料理が豊富で地元でも人気。広島ならではのカキやアナゴを使用する料理はもちろん、季節に合わせた旬の食材と、長年こだわり続けてきただしを使った名物の釜めしは必食だ。コース料理や単品メニューのほか、釜で炊いたご飯が付く定食メニューも提供。

☎082-567-5519　🕐11時～21時30分

**国産穴子土釜飯 1人前2500円など**
肉厚でふんわりしたアナゴ料理の数々に舌鼓を打とう。

個室やテーブル席など目的に合わせた席を用意

---

**エキエバル／2階**

餃子 **ひろしまギョウザ**（ひろしまぎょうざ）

## 名産品を詰め込んだ餃子

餃子の人気店・餃子家 龍の姉妹店。地元の名産であるレモンやカキ、ネギなどを使用した広島のご当地餃子を提供。カリッとした皮と広島愛にあふれたオリジナルのあんのトリコになること間違いなし。焼き餃子だけではなく、揚げ餃子や水餃子も楽しみたい。

☎082-264-7226　🕐11～22時LO

**ひろしまギョウザ（7個）580円**
広島倉橋産の宝島葱がたっぷりとのり、さわやかな風味が人気のメニュー。

餃子はテイクアウトもできる

---

**駅弁も要チェック！**

広島の味が楽しめる駅弁も多彩に揃います。
帰りの新幹線などで旅の思い出とともに楽しみましょう。

**夫婦あなごめし 1380円**
アナゴを2本使用した贅沢な弁当。秘伝のタレで煮込んだアナゴはふっくらやわらか。

**しゃもじかきめし 1600円**
毎年冬期限定で発売される。宮島名産の杓子の形をした容器がユニークでかわいい。

**もみじ弁当 1280円**
山陽新幹線の車内で一番人気の駅弁。煮物やカレイの西京焼き、アナゴ寿司などが入っている。

☎082-261-1678（広島駅弁当）　**発売場所** 新幹線2階改札内ほか

---

📖 | 駅ナカには「広島うぇい！」みやげをゲットできる、広島東洋カープのグッズを取り扱うコーナーも。野球ファンなら立ち寄りたい！

# 旅の最後にまとめ買い！
# 駅ナカのとっておき広島みやげ

観光に夢中でおみやげを買う時間がなくなっても大丈夫！
駅ナカには定番みやげから個性派みやげまで、勢揃いしています。

## ユニークな「もみじみやげ」

にしき堂だけの
食感がたまらない

### 「にしき堂」の
### 生もみじ
6個入り980円
約10年かけて
開発。広島県
産の米粉を使
った生地は、
もちもち＆し
っとりの食感
がクセになる
❶

和洋コラボの
新もみじ

### 「にしき堂」の
### あたらしもみじ
（瀬戸の藻塩ショコラ＆柑橘フロ
マージュ＆大崎上島のレモン）
8個入り1280円〜
人気ベーカリー「アンデルセン」
とコラボ。ケーキのような新感
覚のもみじまんじゅう❶

もみじの形をした
ハンドタオル

### HONTOWAタオル
1枚 610円
ハンドタオルを「広島にちな
んだ」形にぎゅっと圧縮！
水をつけるとタオルの形に
変身するのが楽しい❸

## 広島銘菓＆スイーツ

昔から
変わらない味

### 「亀屋」の広島銘菓
### 川通り餅
15個入り850円
なめらかな求肥にクルミ
が練り込まれたお菓子。
きなこがまぶされ、香ばし
く素朴な味わい❶

雅やかな装いの
和菓子

### 「にしき堂」の
### 新・平家物語
6小箱入り970円
カステラの切り口を十二
単(じゅうにひとえ)に見立てた商品。上品
なパッケージは目上の方へ
のおみやげに最適❶

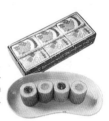

自分みやげにも
ぴったり

### はっさく大福
1個189円
ハッサクの果実をミカン餡で
包んだ大福。酸味と甘みが
絶妙。1個から買えるのがう
れしい❷

シュールなキャラに
釘付け

### 因島のはっさく
### ゼリー 5個入り
箱入り188円〜
ハッサクの果肉がゴロリ
と入ったさっぱりゼリ
ー。パッケージのキャラ
クターも密かな人気❷

※ 料金やパッケージは2024年7月現在のものです。

「ザ・広島ブランド」とは？
広島の特産品で特に優れたものを認定。現在、食品「味わいの一品」と工芸品などの「匠の銘品」約100品が認定されている。☎082-504-2318（広島市経済観光局商業振興課）

## 瀬戸内のレモンみやげ

爽やかな匂いに癒やされる
### 広島リモーネ フェイシャルマスク
3枚入り1320円
広島県産レモン果実水とレモン果実エキスを使用。肌に潤いを与え、ハリ感のある肌へ導く❸

今人気の発酵食品
### 発酵れもん胡椒
540円
広島レモンと米糀、九州産青とうがらし入り。ピリ辛で鍋などいろんな料理に合う❷

広島産レモンをまるごと！
### レモスコ
60g 453円〜
広島特産のレモンと、「海人の藻塩」を使った辛み調味料。さわやかな辛さがクセになる❶

美容にも効果アリ!?
### ふるさとレモン
15g×6袋590円〜
広島産レモンを皮ごとまるごと粉末に。1袋にビタミンCが570mg含まれている❶

## 広島ならではのカキみやげ

ジャガイモとカキの相性抜群！
### 牡蠣まるごとせんべい
8枚入り581円
地元で育ったジャガイモの生地にカキをまるごと1粒プレス❶

おつまみにもぴったり
### フィッシュキューブ 宮島かき
9粒入り432円
宮島産カキやベーコンが練り込まれ、ほどよい塩味がくせになる❶

今話題のカキみやげ
### おいる＆おいすたー 花瑠＆花星
1998円
広島湾の新鮮なカキのオイル漬け。うま味たっぷりのオイルは、料理に使っても❶

カキのエキスが凝縮！
### かき醤油 卓上用化粧箱入り
150㎖ 361円〜
新鮮なカキエキスと本醸造醤油をブレンド。醤油さしタイプでそのまま食卓へ❶

ザ・広島ブランドの認定品は毎年増えています。2024年7月現在、食品・工芸品が計98品選ばれています。

# 野球初心者さんでも楽しめる
# マツダ スタジアム

ユニークな応援グッズも豊富で楽しみ方いろいろのスタジアム。
デートやグループ観戦にぴったりのシートも用意されています。

## まつだ ずーむ ずーむ すたじあむ ひろしま
## MAZDA Zoom-Zoom スタジアム 広島

### 広島っ子を熱くする
### 広島東洋カープの本拠地

広島東洋カープの本拠地として、平成21年（2009）にオープンしたボールパーク。個人、デート、グループ、パーティ向けにと遊び心あふれる多彩な観客席を設け、今までにない野球観戦が楽しめる。選手がプロデュースするフードメニューやユニークな応援グッズも充実している。

☎082-554-1000（広島東洋カープ）⊕広島市南区南蟹屋2-3-1 ⊕試合時間により異なる ⊕不定休 ⊕JR広島駅から徒歩10分 ⊕試合日のみ駐車場あり ⊕P113F2

1 内外野総天然芝で緑色が鮮やか 2 日本では珍しい左右非対称のスタジアム

さまざまな
スタイルの
観客席がウリ！

### セブン-イレブンシート
### 寝ソベリア

寝そべりながら観戦できるペアシート。親子に人気のシートだ。1クッション7600円（2名まで）。

### ダイソーシート正面砂かぶり
### KIRINシート内野砂かぶり

ベンチの選手と同じ目線で観戦できる。正面1席8300円、内野1席6300円。

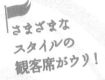

### コカ・コーラ
### テラスシート

テーブル付きシート。食事をしながらゆっくり楽しめる。1テーブル（5〜7人掛け）2万4000円〜3万3600円。

＼カープファンならここにも／

## かーぷべーすぼーるぎゃらりー
## カープベースボールギャラリー

### カープの魅力が盛りだくさん

広島東洋カープの誕生から現在までの歩みを紹介するギャラリー。ショップでは、ここでしか手に入らないオリジナルグッズを販売。

☎082-227-2222 ⊕広島市中区八丁堀6-7チロリス八丁堀 ⊕10〜16時（ショップは〜17時）⊕不定休 ⊕広島電鉄八丁堀電停から徒歩5分 ⊕なし ⊕P112C2

▲歴代のトロフィーやユニフォームなどを展示 ▶人気選手たちの勇姿が収められたオリジナルポスター1200円

# クルマづくりを学べる
# 大人の社会科見学へ

数々の名車を生んできたマツダは広島が誇る自動車メーカー。
本社併設のミュージアムではクルマづくりの歴史やプロセスなどが学べます。

## 今や世界的な大企業に発展した
## 広島生まれのマツダ

日本を代表する自動車メーカーのマツダは大正9年(1920)、広島県内で「東洋コルク工業株式会社」として創立。昭和6年(1931)に自社初の自動車となる3輪トラックの生産を開始、昭和42年(1967)には代名詞でもあるロータリーエンジンを搭載したクルマが初登場する。近年では環境保全を考え、次世代ガソリンエンジンの「SKYACTIV-X」などを開発。環境に配慮したクルマづくり、$CO_2$排出削減活動など、自然保護や社会貢献についてのさまざまな取り組みを行っている。

クルマ好きならぜひ訪れたいスポットだ

**所要 1時間30分**「マツダミュージアム」へ行ってみましょう

### マツダミュージアム
まつだみゅーじあむ

**マツダのクルマの魅力を体感！**

マツダの広島本社敷地内にあり、マツダのクルマの歴史や、最先端の技術を搭載しデザインの美しさが世界で話題を集める最新モデル、クルマづくりのプロセスや独自の技術を解説パネルや実物で紹介。ヒストリックカーの展示などもある。

- 府中町新地3-1(マツダ本社)
- 広島駅からJR山陽本線で5分、向洋駅下車、徒歩5分 Pあり(無料、台数に限りあり)MAP P111E3

**見学方法**

**完全予約制**
予約方法：公式HPの予約フォームより
料金：無料
見学可能日時・集合場所：
公式HPを要確認

写真：マツダ(株)提供

**1 ZONE1**
創業者の想いが詰まったマツダのはじまり
マツダの原点を知ることができるスペース。先人の想いが込められたクルマを見ながら、創業当時に思いを馳せたい。

**2 ZONE2・3・5・6**
ヒストリックカーがズラリと大集合！
たくさんの困難を越えてきた会社とクルマの歴史をパネルと実物で展示。オート三輪や大ヒットした名車、「R360クーペ」などのヒストリックカーが並ぶ。

**3 ZONE4**
マツダが世界に誇るロータリーエンジンを紹介
自動車メーカーで初めて2ローターロータリーエンジン量産化に成功したのがマツダ。その技術を紹介し、ル・マン優勝のレーシングカーも展示。

**4 ZONE10**
マツダが提案する未来のクルマ社会
これからの100年、どのようにクルマを提供していくか、マツダの未来のビジョンを提示。クルマの未来を想像しながらワクワクできる展示スペース。

**5 グッズショップ**
見学の記念にオリジナルグッズをゲット
マツダミュージアムでしか手に入らないグッズも販売。クルマ好きの人へのおみやげに購入すれば喜んでくれること間違いなし。

ココにも行きたい

# 広島タウンのおすすめスポット

ひろしまごこくじんじゃ
## 🏯 広島護国神社

**広島県屈指の神社**

明治元年(1868)に創建、昭和9年(1934)に移転したが、その後原爆で焼失。昭和31年(1956)に現在の広島城址に再建復興した中国地方有数の神社。広島東洋カープがプロ野球開幕前などに必勝祈願に訪れる神社としても知られる。**DATA**
☎082-221-5590 🏠広島市中区基町21-2 ¥休境内自由 🚃広島電鉄紙屋町西電停、または紙屋町東電停から徒歩14分 Ｐあり(要問合せ)
**MAP**P112B1

ひろしましまんがとしょかん
## 📖 広島市まんが図書館

**誰でも閲覧OKな公立の漫画図書館**

コミックスや漫画関係の研究資料、現代の漫画につながる絵巻物(複製)などの歴史的資料を所蔵。手続きすれば、周辺の木陰に持ち出して読むこともできる。☎082-261-0330 🏠広島市南区比治山公園1-4 ¥無料 ⊙10〜17時 休月曜、祝日の翌日、図書整理日など 🚃広島電鉄比治山下電停から徒歩10分 Ｐ比治山公園駐車場利用 **MAP**P113E3

ひろしまつけめんほんぽ ばくだんや ほんてん
## 🍜 廣島つけ麺本舗 ばくだん屋 本店

**広島つけ麺の人気店**

野菜がたっぷりと入ったヘルシーさが人気の広島つけ麺ブームの火付け役。和風ベースに秘伝の辛味ダレを加えた特製ダレが絶品。写真は廣島つけ麺(並・半熟玉子トッピング)993円。**DATA**
082-546-0089 🏠広島市中区新天地2-12ソ-トク新天地ビル1階 ⊙11時30分〜14時30分LO、18時〜21時30分LO 休水曜 🚃広島電鉄八丁堀電停から徒歩4分 Ｐなし **MAP**P115D2

らいさんようしせきしりょうかん
## 📷 頼山陽史跡資料館

**江戸時代の広島が垣間見える資料館**

江戸末期から明治初期の人々に影響を与えた歴史書『日本外史』を書いた頼山陽。彼が、青少年時代を過ごした場所に立つ歴史資料館。**DATA**
☎082-298-5051 🏠広島市中区袋町5-15 ¥一般200円(特別展は別途) ⊙9時30分〜17時(入館は〜16時30分) 休月曜(祝日の場合は翌平日)、臨時休館あり 🚃広島電鉄袋町電停から徒歩2分 Ｐ4台(中型バス駐車可) **MAP**P114C2

つるがほんてん
## 🍚 つるが本店

**目と舌で四季を味わう日本料理**

カキ、アナゴなどの魚介類はもちろん、旬の素材を取り入れた日本料理が味わえる。料理に合わせたお酒の提案や、おまかせコース7700円〜では、好みに応じて料理をアレンジしてくれるうれしい心遣いも。**DATA**☎082-543-5771 🏠広島市中区胡町3-7-1MC胡通ビル ⊙17〜23時(22時LO) 休不定休 🚃広島電鉄胡町電停から徒歩5分 Ｐなし **MAP**P115E2

おこのみだましい ごくう
## 🥢 おこのみ魂 悟空

**極細麺を使った繊細な個性派**

お好み焼きを最後にギュッとプレスする、昔ながらの焼き方だが、極細麺を使うことで洗練された現代的な味わいに。サラリーマン御用達の人気店。写真は薄焼き玉子が全体を覆ったイカ天ネギかけ焼き1200円。☎082-224-5901 🏠広島市中区八丁堀8-7 ⊙11〜21時LO(日曜、祝日は〜14時LO) 休不定休 🚃広島電鉄立町電停から徒歩3分 Ｐなし **MAP**P112C2

ひろしまけんりつびじゅつかん
## 📷 広島県立美術館

**時代・国を超えた作品が集合**

広島県にゆかりがある作家の作品など5200点以上を収蔵。無料開放されている1階のメインロビーからは、隣接する名勝「縮景園(P81)」が見られる。**DATA**☎082-221-6246 🏠広島市中区上幟町2-22 ¥所蔵作品展510円(特別展は別途) ⊙9〜17時(入場は〜16時30分、金曜は開館延長あり) 休月曜(祝日・振替休日および一部特別展開期中は開館) 🚃広島電鉄縮景園前電停から徒歩1分 Ｐ45台 **MAP**P112C1

広島の美術に接することができる場所

じ あうとれっと ひろしま
## 🛍 THE OUTLETS HIROSHIMA

**中四国エリア最大級のアウトレットモール**

国内外の人気ブランドが約230店舗集結した地域創生型のアウトレットモール。広島ならではの食やおみやげもここに集まる。**DATA**
☎082-941-7111 🏠広島市佐伯区石内東4-1-1 ⊙10〜20時 休無休 🚃JR西広島駅から路線バスTHE OUTLETS HIROSHIMA・五月が丘団地行きで約20分、THE OUTLETS HIROSHIMA下車 すぐ Ｐ4500台 **MAP**P110B1

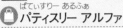

**橋本町**

### パティスリー アルファ
ぱてぃすりー あるふぁ

**食感がクセになる新名物**

パリパリの食感とまるごと入った栗が話題の焼きモンブラン1個410円。中はバター風味のしっとりとした生地で、栗のほっくりした甘さと相性抜群！チョコや抹茶など10種類以上の味が楽しめる。DATA☎082-511-3840 住広島市中区橋本町4-23 1階 ⏰9時～18時30分 休日曜（要問合せ）交広島電鉄銀山町電停から徒歩7分 P2台 MAP P113D2

---

**広島駅周辺**

### にしき堂 光町本店
にしきどう ひかりまちほんてん

**70年以上続くもみじまんじゅう店**

県内に多くの店を展開する、老舗もみじまんじゅうの本店。店内には、あらゆる商品を取り揃えている。駅からも近く、最後のみやげ選びの場所にぴったり。DATA☎0120-979-161（9～17時）住広島市東区光町1-13-23 ⏰9～18時 休無休 交JR広島駅から徒歩5分 P5台 MAP P113E1

---

**立町**

### アカデミイ書店 紙屋町支店
あかでみいしょてん かみやちょうしてん

**超貴重なカープ関連のお宝がズラリ**

広島を代表する古書店。カープ関連のお宝グッズが店内を埋め尽くしており、野球ファンならずとも見入ってしまうはず。写真は金本選手の貴重なレプリカユニフォーム（参考商品）。カープグッズの買い取りも実施中。DATA☎082-247-8333 住広島市中区紙屋町1-5-1 ⏰10～20時 休無休 交広島電鉄立町電停から徒歩2分 Pなし MAP P114C1

---

**本川町**

### MAISON RABELAIS
めぞん らぶれ

**丁寧な手作りスイーツを味わって**

厳選素材を使ったフランス菓子を販売。生ケーキは週1～2回のペースで新作が出る。写真は人気のピスタチオナッツとほろ苦キャラメルの組み合わせ。食感や風味にもこだわったスペシャリテ「サンジェルマン」702円。DATA☎082-292-5400 住広島市中区本川町1-1-24 ⏰11～19時 休月曜（祝日の場合は翌日）交広島電鉄本川町電停からすぐ P2台 MAP P112B3

---

**橋本町**

### ブランジェリー101 BRIO
ぶらんじぇりーいちまるいち ぶりお

**京橋川沿いのかわいいパン屋さん**

ヨーロッパの伝統的な製法で、自家製の具材やソースなどを使ったオリジナリティあふれるパンを作っている。スイーツ感覚のデニッシュから惣菜パンまで約80種類ものパンが揃い、迷いながら選ぶのも楽しい。DATA☎082-222-8002 住広島市中区橋本町5-7 ⏰7～17時 休日曜、祝日 交広島電鉄銀山町電停から徒歩3分 Pなし MAP P113D2

---

### 📷 広島タウン郊外の宇品・ベイエリアへGO！

市内からも気軽に行ける宇品とベイエリアは、リゾート感あふれるエリアです。

### 緑そよぐ大人の海マチ広島 マリーナホップ
みどりそよぐおとなのうみまちひろしま まりーなほっぷ

**買って、食べて、遊んで一日楽しめるモール**

水族館や遊園地もあるショッピングモール。DATA☎082-503-5500 住広島市西区観音新町4-14 ⏰10～19時（ショップ）、11～22時（レストラン）※時間は店舗により異なる 休不定休 交JR広島駅から広島電鉄バス観音マリーナホップ行きで40分、終点下車すぐ P1500台 MAP P110C3

### 瀬戸内しまたびライン
せとうちしまたびらいん

**高速船に乗ってせとうちクルーズ**

観光型高速クルーザー「シースピカ」で瀬戸内海の島々を巡り、広島港と三原港を約半日かけて走る。DATA☎082-253-5501（瀬戸内海汽船トラベルサービス※月～土曜9時～17時30分）ルートなど詳細はHPを要確認（setonaikaikisen.co.jp/simatabi/）休プランにより異なる（2024年の運航は4月～12月2日までの金～月曜、祝日）

---

### マリホ水族館
まりほすいぞくかん

**神秘的な海の世界に包まれる体験を**

「生きている水塊」をコンセプトに、躍動感ある水中景観が魅力。DATA☎082-942-0001 ¥1000円、小学生～17歳550円、3～6歳350円。⏰10～19時（11～3月は～17時。ただし土・日曜、祝日10～19時）休広島マリーナホップに準ずる

▲入口は大きなクジラが目印

▶幻想的な光景のたゆたうクラゲのホール

▲白い海底がどこまでも続く「輝くサンゴの海」

# アクセス抜群な 広島タウンのホテル

タウン中心部や観光地などに好アクセスな、
充実したサービスのホテルで快適ステイを満喫。

---

## 広島駅周辺
ほてるぐらんゔぃあひろしま
### ホテルグランヴィア広島

**観光拠点に絶好のロケーション**
和洋中と多彩なレストランと宴会場を備える。全室無線LAN無料。瀬戸内海や広島の食材を使用したこだわり朝食や、ホテル最上階にある特定フロア専用ラウンジが魅力。チェックイン前、チェックアウト後の手荷物無料預かりもあり。ホテルに荷物を預けて心ゆくまで広島観光を楽しもう。

**DATA** ☎082-262-1111 住広島市南区松原町1-5 ✕JR広島駅直結 P 343台（有料） MAP P112A1 ¥要問合せ ⊕IN14時 OUT12時 ●客室407室（洋407室）

---

## 広島駅周辺
しぇらとんぐらんどほてるひろしま
### シェラトングランドホテル広島

**ワンランク上のステイが実現**
広島駅新幹線口直結徒歩1分、観光地各所へのアクセスが便利なホテル。客室は全室35㎡以上と広々としており、ロビーラウンジやブッフェレストランではアフタヌーンティーを楽しめる。2024年にリフレッシュオープンした日本食「雅庭」では、広島で採れた旬の山や海の幸を提供。**DATA** ☎082-262-7111 住広島市東区若草町12-1 ✕JR広島駅直結 Pなし MAP P112B1 ¥料金は宿泊日により異なる（要問合せ） ⊕IN15時 OUT12時 ●客室238室（洋238室）

---

## 広島駅周辺
あーばいんひろしまえぐぜくてぃぶ
### アーバイン広島エグゼクティブ

**好立地のホテル**
広島駅から徒歩5分のアクセス良好なホテル。広島市内を見渡せる高層階にレディスルームを完備、アメニティも充実しているので女性におすすめ。ラウンジでは15時から24時まで無料でコーヒーやドリンクを飲める。**DATA** ☎082-567-6600 住広島市東区若草町16-13 ✕JR広島駅から徒歩5分 P10台（予約制、有料） MAP P113E1 ¥シングル7200円〜ツイン1万2300円〜 ⊕IN15時 OUT11時 ●客室171室（洋171室）

---

## 広島駅周辺
ひろしまぐらんどいんてりじぇんとほてる
### 広島グランドインテリジェントホテル

**エレガントで高級感あふれるホテル**
中世の英国をイメージした落ち着いた雰囲気のホテルで、女性に人気が高い。客室のリニューアルがされてからは、より重厚感あふれるヨーロピアンクラシック調の内装に。全室禁煙でWi-Fiや有線LANも接続可能。

**DATA** ☎082-263-5111 住広島市南区京橋町1-4 ✕JR広島駅から徒歩3分 P提携駐車場あり（有料） MAP P113E2 ¥シングル1万円〜、ツイン1万8000円〜 ⊕IN15時 OUT11時 ●客室137室

---

## 広島駅周辺
だいわろいねっとほてるひろしまえきまえ
### ダイワロイネットホテル広島駅前

**全室セミセパレートの宿**
全室バス・トイレ別のセミセパレートが魅力。和洋ブッフェの朝食は、眺望抜群の最上階20階で楽しむことができる。全室加湿器完備で、広島駅新幹線口から徒歩3分なのでアクセスも抜群。**DATA** ☎082-554-1455 住広島市東区二葉の里3-5-7 ✕JR広島駅から徒歩3分 Pグラノード広島地下駐車場利用39台（1泊1200円、先着順） MAP P113E1 ¥8000円〜 ⊕IN14時 OUT11時 ●客室197室（洋197室）

---

## 幟町
ほてるあくてぃぶ！ひろしま
### ホテルアクティブ！広島

**市内観光に便利な立地**
リーズナブルながら、スタイリッシュな雰囲気ときめ細かなサービスで人気のホテル。安らかな睡眠のために快適なベッド環境を用意。朝食サービス無料やWi-FiもLANも無料というのがうれしい。**DATA** ☎082-212-0001 住広島市中区幟町15-3 ✕広島電鉄銀山町電停からすぐ P9台 MAP P113D2 ¥シングル5550円（税別）〜、ツイン8500円（税別）〜 ⊕IN15時 OUT10時 ●客室157室（洋157室）

---

🧖 エステあり 🚭 禁煙ルームあり ♨ 大浴場あり 🧳 ひとり宿泊OK

幟町
ちさんほてるひろしま

## チサンホテル広島

**選べるアメニティが充実**
銀山町電停のすぐ前に立ち、観光やショッピングにアクセス良好なホテル。クレンジングオイルや綿棒など選べるアメニティも充実するほか、宿泊料金に別途1375円で楽しめる評判の朝食バイキングもチェック。☎DATA☎082-511-1333 住広島市中区幟町14-7 交広島電鉄銀山町電停からすぐ P4台(有料) MAP P115E1 ￥シングル4800円〜、ツイン1万1000円〜 IN15時 OUT11時 ●客室170室(洋170室)

中町
ほてるほっけくらぶひろしま

## ホテル法華クラブ広島

**男女大浴場と朝食バイキングが自慢**
広島市内中心地で、ビジネス街にも観光地にもアクセス抜群。地産地消で安全・安心にこだわった和洋朝食バイキングが好評で、インターネット環境はLAN、Wi-Fiとも利用可能。DATA☎082-248-3371 住広島市中区中町7-7 交広島電鉄袋町電停から徒歩3分 P60台(有料) MAP P114C2 ￥基本料金シングル9350円、ツイン1万6500円 IN15時 OUT10時 ●客室384室(和1室・洋383室)

八丁堀
かんでおほてるず ひろしまはっちょうぼり

## カンデオホテルズ 広島八丁堀

**露天風呂とサウナで疲れを癒やす**
宿泊者は最上階にあるスカイスパを利用できる。スパ内には内風呂と露天風呂に加え、男湯にはドライサウナ、女湯にはミストサウナも用意。シモンズ社製ベッドをしつらえた和モダンな客室で極上の時を過ごせる。13階のレストランでの朝食にはご当地メニューも登場する。DATA☎082-511-1300 住広島市中区八丁堀14-1 交広島電鉄八丁堀電停から徒歩3分 P近隣コインパーキング利用 MAP P112C2 ￥シングル素泊まり8800円〜 IN15時 OUT11時 ●客室183室

中町
えーえぬえーくらうんぷらざほてるひろしま

## ANAクラウンプラザホテル広島

**充実のサービスで快適ステイを**
和洋中5つのレストラン＆バーやバリエーション豊かな朝食ブッフェなど満足度の高いホテル。枕やアロマオイルなどを無料で選べるサービスや、全館に導入したWi-Fiシステムも好評だ。DATA☎0570-07-1640 住広島市中区中町7-20 交広島電鉄袋町電停から徒歩1分 P80台(有料) MAP P114C3 ￥要問合せ(その日の状況により最もリーズナブルな料金を設定するシステム) IN15時 OUT11時 ●客室402室(洋402室)

三川町
ひろしまとうきゅうれいほてる

## 広島東急REIホテル

**広島の中心地で上質なステイを**
広島の中心、平和大通りに面するハイグレードなビジネスホテル。シングルの客室には140cm、ツインには120cmのベッドを完備しているのでゆったりと過ごすことができる。洗練された快適な空間はビジネスにも、観光の拠点にも最適だ。DATA☎082-244-0109 住広島市中区三川町10-1 交広島電鉄八丁堀電停から徒歩8分 P25台(有料) MAP P115D3 ￥シングル1万9800円〜、ツイン3万5200円〜 IN15時 OUT10時 ●客室239室(洋239室)

基町
りーがろいやるほてるひろしま

## リーガロイヤルホテル広島

**充実した設備で質の高いサービス**
広島のランドマーク的存在のホテル。高層階の客室や最上階33階のレストランから望む眺望は絶景。サウナや屋内プールも備える(有料)。観光名所や繁華街への移動に便利な中心地に立地。全客室無線LAN完備。DATA☎082-502-1121 住広島市中区基町6-78 交広島電鉄紙屋町東電停から徒歩3分(広島バスセンター隣) P100台(有料) MAP P112B2 ￥宿泊日により異なる(要問合せ) IN15時 OUT11時 ●客室491室(洋491室)

中町
みついがーでんほてるひろしま

## 三井ガーデンホテル広島

**居心地のいいアーバンホテル**
快眠枕やこだわりのマットレスで快適なステイを演出。25階ゲストラウンジでは時間帯によってさまざまな無料サービスが利用できる。内装にはこの地ならではのデザインを採用。客室は瀬戸内の海を渡る風を表現したタイプ、特産のオイスターやレモンをモチーフにしたタイプがある。DATA☎082-240-1131 住広島市中区中町9-12 交広島電鉄袋町電停から徒歩5分 P16台(有料) MAP P114C3 ￥シングル7000円〜、ツイン1万円〜 IN15時 OUT11時 ●客室281室(洋281室)

大手町
ぱーくさいどほてる ひろしま へいわこうえんまえ

## パークサイドホテル 広島 平和公園前

**ビジネス・観光の拠点に最適**
平和記念公園から徒歩3分の場所に立つ観光拠点にぴったりのホテル。シングルルームもすべてセミダブルベッドを使用。無料ランドリーサービスなどの豊富な設備とサービスも自慢だ。DATA☎082-244-7131 住広島市中区大手町2-6-24 交広島電鉄紙屋町西電停から徒歩5分 P10台(有料) MAP P114B2 ￥シングル5500円〜、ツイン9200円〜 IN15時 OUT10時 ●客室91室(洋91室)

広島市広域

0　　　500m

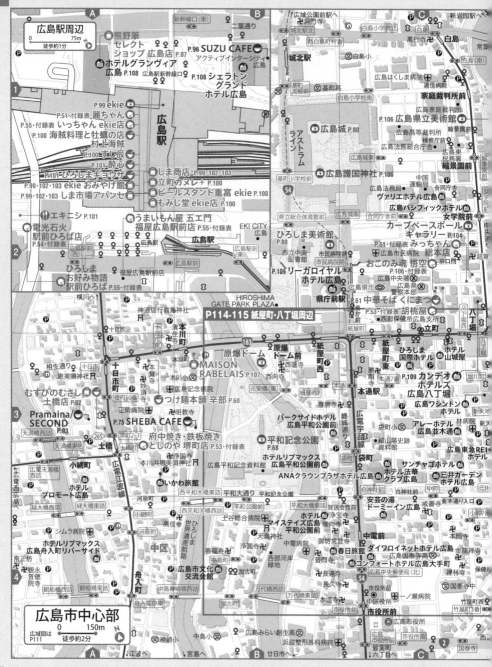

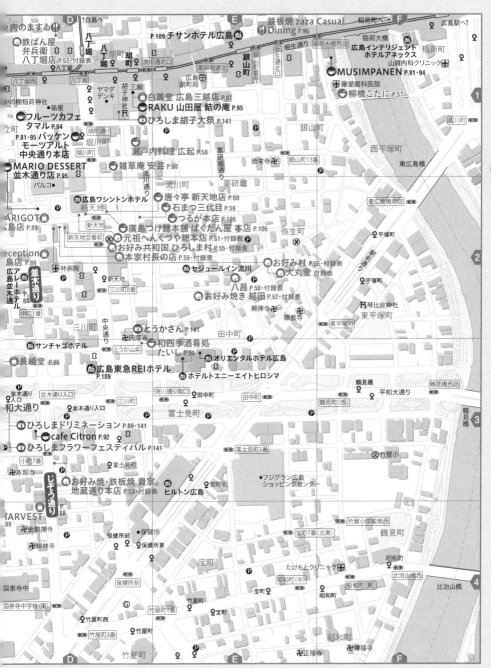

肉のますゐ 🍴

🏠鉄ぱん屋
弁兵衛
八丁堀 P.53・付録表

ヤマダ
デンキ

の柳稲荷神社 ⛩・福屋

🏠フルーツカフェ
タマル P.94

P.81・95 パッケン
モーツアルト
中央通り本店

🏠MARIO DESSERT
並木通り店 P.95

パルコ●

🏠RIGOT
島店 P.89

eception
島店 P.89

並木通り

アレーホテル
P.88

八丁堀

八丁堀
胡町

八丁堀

八丁堀西

三越

胡子神社 ⛩

白鳳堂 広島三越店 P.87
🏠RAKU 山田屋 結の庵 P.95
ひろしま胡子大祭 P.141

胡町通り

堀川町

瀬戸内料理 広起 P.58

🏠雑草庵 安芸 P.59

流川通り

新天地

🏠広島ワシントンホテル

🏠唐々亭 新天地店 P.60
🏠石まつ三代目 P.59
🏠つるが本店 P.106

新天地交番前

🏠廣島つけ麺本舗 ばくだん屋 本店 P.106
🏠元祖へんくつや総本店 P.51・付録表
🏠お好み共和国 ひろしま村 P.55・付録表
🏠本家村長の店 P.55・付録表
🏠セジュールイン流川
🏠八昌 P.50・付録表
🏠お好み焼き 越田 P.52・付録表

🏠お好み村 P.55・付録表
🏠大丸堂 付録表

興禅寺 卍

順教寺 卍

中央
通り

🏠林病院

新天地

三川町8番

中町1番

🏠サンチャゴホテル

🏠長崎堂 P.95

🏠広島東急REIホテル
P.109

並木通り
入口

和大通り

並木通り入口

並木通り入口

三川町

🏠とうかさん P.141
内隆寺 卍

とうか山前

🏠和四季酒肴処
たいし P.59

🏠オリエンタルホテル広島
🏠ホテルエニーエイトヒロシマ

流川通り南口

田町

田中町

富士見町

🏠ひろしまドリミネーション P.89・141
🏠cafe Citron P.92
🏠ひろしまフラワーフェスティバル P.141

小町7番

🏠富士見町

卍本照寺

じぞう通り

P.88

🏠お好み焼・鉄板焼 貴家。
地蔵通り本店 P.53・付録表

HARVEST
89

卍金龍禅寺

卍禅林寺

国泰寺中
国泰寺中学校(東)

保健所前

保健所東

保健所前

富士見町1番

🏠ヒルトン広島

🏠フジグラン広島
ショッピングセンター

宝町北

宝町

保健所

竹屋町1番

宝町

竹屋町西

竹屋町3番 竹屋町番

竹屋町

宝町7番(北東)

たけもとクリニック➕

昭和町(中)

宝町

昭和町

竹屋町

竹屋小学校南西

竹屋小

鶴見町(西)

平和大通り

鶴見町

田中町

富士見町1番

鶴見橋

鶴見橋西詰

鶴見橋

比治山橋西

比治山橋

比治山橋

卍正隆寺

卍傳福寺

昭和町(東)

昭和町

鉄板焼 zaza Casual
Dining P.96

稲荷町へ→

広島駅へ→

稲荷大橋

稲荷町大橋西詰

🏠広島インテリジェント
ホテルアネックス

山屋内科クリニック➕

➕藤堂眼科医院
🏠柳橋こだに P.57

🏠MUSIMPANEN P.91・94

松川町

相生通り

稲荷町

稲荷町

広島胡町局

薬研堀通北

銀山町

広島胡町局

銀山町

西平塚町

銀山町13番

徳栄寺

薬研堀通り

薬研堀

弥生町

平塚町

平塚町

琴比良神社

東平塚町

東平塚町

東広島橋

東広島橋南詰

チサンホテル広島 P.109

弥生通北口

流川通北口

P.109

🏠広島
胡町局

東広島橋

東広島橋南詰

## 地図内テキスト

中国自動車道
吉和IC
広島自動車道
沼田PAスマートIC
広島西風新都IC
広島北ICへ
山陽自動車道
広島IC
志和IC
広島空港
河内IC
広島JCT
広島東IC
電車で37分
西条IC
高屋JCT
高屋IC
福山駅へ
三原尾道IC
五日市IC
広島JCT
広島タウン
山陽本線
P.130 西条
高速バスで1時間4分
上三永IC
432
五日市IC
広島タウン
高速バス+徒歩で45分
山陽新幹線
下三永福本IC
馬木IC
広島空港
廿日市JCT
山陽本線 広電宮島線
高速バス+ロープウエー1時間10分
2
下瀬戸まで高速バスで2時間8分
185
竹原
P.132
廿日市IC
大野IC
広島港
坂南IC
広島呉道路
天応西IC
江田島
呉IC
375
東広島・呉自動車道
三津湾
186
宮島
船+高速電車で32分
呉線
安芸灘とびしま海道
P.128
御手洗 P.15・128
大崎上島
船+電車で1時間10分
大竹IC
呉
P.122
呉線
安芸灘大橋
下蒲刈島
上蒲刈島
大崎下島
豊島
岩国IC
柳井駅へ
錦帯橋
能美島
音戸の瀬戸
P.15
岩国
P.118
安芸灘
倉橋島
斎灘
岩国錦帯橋空港
0 5km

---

### いわくに ☞P118

**岩国へ**

**+プラス 半日**

**日本三名橋で知られる錦帯橋と城下町をのんびりお散歩**

日本三名橋の一つ、錦帯橋がシンボルの城下町。雄大な錦川に架かる錦帯橋と背景の緑との調和が見事で、橋の高度な組木工法も間近で見ることができる。岩国城や藩主・吉川氏ゆかりのスポットなどと併せて散策を楽しもう。

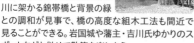

---

### くれ ☞P122

**呉へ**

**+プラス 半日**

**旧海軍スポットや「海軍グルメ」を楽しめる**

かつて軍港として栄えた港町で、「大和ミュージアム」「てつのくじら館」が2大人気スポット。旧海軍のレシピを復活させた海軍グルメも味わいたい。ロケ地としても有名なので、滞在時間を延ばしてロケ地巡りもおすすめ。

---

### あきなだとびしまかいどう〜みたらい ☞P15・128

**安芸灘とびしま海道
〜御手洗へ**

**+プラス 半日**

**爽快なルートを通り潮待ちの港・御手洗へ**

5つの島を7つの橋でつなぐ安芸灘とびしま海道は、気軽に島旅が楽しめる人気のルート。そのほぼ終着点にあるのが御手洗。江戸時代に潮待ちの港として栄えた歴史ある港町で、平清盛ゆかりのスポットでもある。

---

### さいじょう ☞P130

**西条へ**

**+プラス 半日**

**お酒好きなら一度は行きたい**

伏見、灘と並ぶ酒の都として有名。「酒蔵通り」には見学蔵やショップ、カフェなどを併設した酒蔵が点在し、酒蔵巡りが楽しめる。酒処ならではの店やイベントも要チェック。

---

### たけはら ☞P132

**竹原へ**

**+プラス 半日**

**風情あふれる「安芸の小京都」**

江戸時代に製塩と酒造業が発展した町。往時の町並みが残る「町並み保存地区」では、由緒ある屋敷などが見学できる。竹にちなんだイベントも人気（☞P141）。

# 広島タウン・宮島から足を延ばして
# 個性あふれる人気の観光地へ

広島タウンや宮島を観光した翌日は、
周辺の観光地を訪れるのもおすすめです。
情緒あふれる昔町や酒蔵が集まる町、
海軍ゆかりのスポットや、歴史ある港町など、
お好みでチョイスしてみましょう。

# 優美な錦帯橋を渡って
# 岩国の城下町をおさんぽ

広島駅から
電車＋バスで
1時間10分

日本三名橋の一つ、錦帯橋で有名な城下町・岩国。錦帯橋周辺には、岩国城や藩主・吉川氏ゆかりのスポットなど歴史的みどころが満載です。

## 岩国ってこんなところ

いわくに

山口県の東端に位置し、江戸時代には吉川氏6万石の城下町として栄えた町。シンボルの錦帯橋をはじめ、岩国城や武家屋敷など、歴史的建造物が数多く残る風情ある町並みをのんびりと散策しよう。

### アクセス

🚃 **電車・バス**：錦帯橋までは、広島駅からJR山陽本線で50分の岩国駅より岩国市営バス錦帯橋・新岩国駅方面行きで20分、錦帯橋下車すぐ

🚗 **クルマ**：山陽自動車道岩国ICから国道2号、県道112号経由で錦帯橋まで約5.5km

### 問合せ

岩国市観光振興課☎0827-29-5116
岩国市観光協会☎0827-41-2037
広域図 付録裏A5

岩国城やロープウエーからは錦帯橋と町を見下ろす絶景が楽しめる

---

### モデルコース

## 所要 **2** 時間

| バス停錦帯橋 |
|---|
| ▼ 徒歩すぐ |
| ❶ 錦帯橋 |
| ▼ 徒歩8分 |
| ❷ 吉川史料館 |
| ▼ 徒歩2分＋岩国城ロープウェー3分＋徒歩8分 |
| ❸ 岩国城 |
| ▼ 徒歩5分＋岩国城ロープウェー3分 |
| ❹ 岩国シロヘビの館 |
| ▼ 徒歩10分 |
| バス停錦帯橋 |

---

## ❶ 錦帯橋

きんたいきょう

### 匠の技が光る5連の木造アーチ

錦川に架かる全長193.3m、5連の木造アーチ橋。延宝元年(1673)、岩国藩3代藩主・吉川広嘉によって架けられたもので、日本三名橋の一つとされる。平成13年(2001)から3年間かけて行われた「平成の架替」でも伝統的な木組の技法が用いられ、特に橋の裏面のダイナミックな構造美に目が奪われる。桜の名所としても知られるほか、秋の紅葉など四季折々に彩られる姿も美しい（☞P121）。

☎0827-29-5116（岩国市観光振興課）🏠岩国市岩国・横山 🎫入橋料310円 🕐見学自由 🈚無休 🅿錦帯橋下河原駐車場300台（3～5・9～11月の土・日曜、祝日および繁忙期は300円）

■1全国的にも珍しい5連のアーチ橋は国の名勝に指定 2風情たっぷりの屋形船も（☞P121）

## ➋吉川史料館
<small>きっかわししりょうかん</small>

### 旧藩主・吉川家の資料を収蔵

吉川家ゆかりの歴史的文献や武術工芸品など約7000点を収蔵し、年3回の展示替えにより順次公開。正門として使われている「昌明館附属屋長屋門」は、寛政5年(1793)に7代目藩主の隠居所として建造され、市の有形文化財にも指定されている。

☎0827-41-1010 住岩国市横山2-7-3
¥500円 ⏰9～17時(入館は～16時30分)
休水曜(祝日の場合は翌日) 交バス停錦帯橋から徒歩10分 P24台

岩国

正門は岩国市指定の有形文化財

## ➌岩国城
<small>いわくにじょう</small>

### 山頂にそびえ立つ岩国の名城

慶長13年(1608)、初代岩国藩主の吉川広家によって築城。錦川を外堀として標高約200mの山頂に建てられたが、一国一城令によりわずか7年で取り壊された。現在の天守は昭和37年(1962)に再建されたもので、桃山風南蛮造が美しい。天守閣からは城下町や錦帯橋を一望できる。

☎0827-41-1477(錦川鉄道岩国管理所)
住岩国市横山 ¥270円 ⏰9時～16時45分(入館は～16時30分) 休ロープウェー点検日(要問合せ) 交岩国城ロープウェー山頂駅から徒歩8分 P錦帯橋下河原駐車場500台(繁忙期、土・日曜、祝日は有料)

天守閣には書画・刀剣などが展示されている

## ➍岩国シロヘビの館
<small>いわくにしろへびのやかた</small>

### シロヘビに金運アップを祈願!

世界的にも珍しく、国の天然記念物に指定されている「岩国のシロヘビ」を飼育・展示する施設。成長したシロヘビは長さ180cm、胴回り15cmほどで、目はルビーのように赤く、全身は白く光沢があって神秘的だ。アオダイショウの色素細胞がない変種で、それが遺伝して生まれてきたとされる。商売繁盛や開運の守神様などと言い伝えられ、昔から親しまれている。

☎0827-35-5303 住岩国市横山2-6-52
¥200円 ⏰9～17時 休無休 交バス停錦帯橋から徒歩10分 P市営駐車場40台

シロヘビの性質は穏やかでおとなしい

### ちょっとひとやすみ

#### 橋の駅 カフェ いつつばし
<small>はしのえき かふぇ いつつばし</small>

錦帯橋を眺めつつ郷土料理を楽しめる。岩国寿司・大平セット、店長手作りのケーキプレートがおすすめ。

☎0827-43-3630 住岩国市岩国1-1-42 錦帯橋バスセンター2階 ⏰9時30分～18時(9～3月は～17時)休無休 交バス停錦帯橋からすぐ P錦帯橋下河原駐車場500台 MAPP119B2

#### 佐々木屋小次郎商店
<small>ささきやこじろうしょうてん</small>

常楼40種類以上のソフトクリームが揃う人気店。レギュラーコーン350円～、ワッフルコーン450円～。

☎0827-41-3741 住岩国市横山2-5-32 ⏰9～17時 休不定休 交バス停錦帯橋から徒歩5分 Pなし MAPP119A2

# ランチに味わいたい
# 名物グルメ「岩国寿司」

岩国の冠婚葬祭には欠かせない郷土料理・岩国寿司。
岩国藩主・吉川公が料理番に考案させたという、歴史ある料理です。

岩国
寿司定食
2090円

## よしだしんかん
## よ志だ新館

### 郷土料理の定食が人気

全国の百貨店から出店依頼を受ける名店。なかでも
人気の高い岩国寿司定食は、岩国寿司のほか、「大
平」とよばれる郷土料理やイカそうめんなどが付く。
岩国の味を一度に楽しみたい人におすすめだ。

☎0827-43-2277 住岩国市岩国2-18-6 ◐10～14時（夜は
予約があれば営業）休無休 交バス停錦帯橋から徒歩4分
P15台 MAPP119B2

1 ほのかに甘い酢めしに
岩国レンコン、コハダ、アナ
ゴがマッチ 2 落ち着いた
雰囲気のなかで、自慢の
郷土料理を堪能しよう

### 岩国寿司とは？

木枠の中に酢めしを敷き、その上に錦糸玉子、
岩国レンコン、アナゴなどの具をのせる。それを
数回繰り返し、ふたをして上から圧力をかけた
押し寿司。切り分けた時の断面が美しい。

## ひらせい
## 平清

### 錦帯橋を眺めながら舌鼓

岩国名産のレンコンや瀬戸内
海の魚を使ったコースや定食
が充実。岩国寿司と岩国レン
コンの挟み揚げなどが味わえ
る「じゃのめご膳」が特に人気。
岩国寿司の持ち帰りもできる
のでぜひ。

☎0827-41-0236 住岩国市岩国
1-2-3 ◐11～14時、夜は団体のみ
の営業（要事前予約）休火・水曜 交
バス停錦帯橋から徒歩1分 Pなし
MAPP119B2

じゃのめご膳
1980円

1 岩国の味が勢揃い。こだわりの食材を使ったメニュー
ーだ 2 錦帯橋の向かいに位置し、店内の窓から錦帯
橋が望める

# 日本三名橋の一つ
# 錦帯橋にZoom in

藩主・吉川家の城下町には、錦川が流れ、町の象徴である錦帯橋が架かる。
多彩な表情を見せる橋のみどころを知ればより魅力がわかります。

## 独自の アーチ構造に注目

全長約200mのスケール感と曲線の美しさ、そして間近で見る迫力は圧巻！中央3連部分の反り橋は、世界に類を見ない構造で必見だ。

橋の裏側は膨大な木組による精緻な構造が見られ、高い建築技術に驚かされる。改修のたびに改良され、鞍木（くらぎ）とよばれるV型の補強材は、天和2年（1682）に考案された

敷石を施すことで河床が削られるのを防いでいる

雄大な錦川と背景の山の緑に映える橋は、圧倒的スケール感！

## 美しさと力強さを 兼ね備えた5連アーチ橋

延宝元年（1673）、岩国藩3代藩主の吉川広嘉により創建された錦帯橋。それまでも幾度か橋は架けられたものの、増水時の激しい水流によって流失。藩の願いである「流されない橋」はどうすれば造れるか考えていた広嘉は、中国の書物『西湖遊覧志』の挿絵で島づたいに橋が架かる図を見て錦帯橋の構想を得たという。そして、川に設けた小島のような橋脚に5連のアーチを架けるという構造の橋が

誕生。8カ月後の大洪水で流失するも原因を究明、改良した上で再建、昭和25年（1950）に洪水で流失するまで276年間不落を誇った。昭和28年（1953）の再建以降は、平成16年（2004）の架け替え工事を経て現在に至る。架け替えはしても、高い木組技術による木造5連の構造などは昔ながらのものを守っている。緑を背景に連なるアーチが美しいだけでなく、構造力学上からも非常に優れた橋なのだ。

## 昔の工法で行った 平成の架替

平成13年（2001）〜平成16年（2004）にかけて「平成の架替」が公開で行われた。良質な大径木や多くの部材を使用し、江戸時代の伝統的な木組の工法が用いられた。

## 錦帯橋のフルカラー ライトアップ

季節ごとの幻想的な景色を楽しめる。3月下旬〜6月1日、8月上旬〜1月中旬の日没から21時に実施。

## 期間限定のイベントも要チェックです

### きんたいきょうはるあきのゆうらんせん
### 錦帯橋春秋の遊覧船

錦帯橋周辺の四季折々の景色を川から眺められる。食事を楽しめる貸切遊覧（10名以上）などもある。☎0827-28-2877（岩国市観光協会鵜飼事務所）🚢乗船料20分500円 🈲3月下旬〜5月31日、9月11日〜11月30日開催（10月運休）🚌乗船場へはバス停錦帯橋から徒歩5分 🅿️錦帯橋下河原駐車場300台（3・5・9〜11月の土・日曜、祝日および繁忙期は300円）MAP P119A2

### きんたいきょうのうかい
### 錦帯橋のう飼

鵜匠が舟から鵜を操って鮎をとる、約400年の歴史をもつ伝統漁法で、6月1日〜9月10日に開催。遊覧船（左記参照）からなら、より間近に観賞できる。☎0827-28-2877（岩国市観光協会鵜飼事務所）🚢乗船料3000円 🗓️6月1日〜9月10日の19〜21時 🅿️錦帯橋下河原駐車場300台（3〜5・9〜11月の土・日曜、祝日および繁忙期は300円）MAP P119B2

# 軍港として栄えた街・呉で旧海軍ゆかりのスポット巡り

**＋広島駅から 電車で約35分**

迫力満点の展示で老若男女に人気の大和ミュージアムをはじめ、ドラマのロケ地にもなった記念館など、呉にはさまざまな海軍スポットがあります。

## ＋くれ 呉ってこんなところ

かつて軍港として栄えた街で、戦艦「大和」をはじめ数多くの軍艦を送り出した。現在も旧海軍にまつわるスポットが点在するほか、港には海上自衛隊の潜水艦なども停泊し、独特の景観が見られる。旧海軍のレシピを復元した海軍グルメ（☞P126）もぜひ。

**アクセス**
**🚌電車：**広島駅からJR呉線快速で呉駅まで約35分
**🚗クルマ：**広島呉道路（クレアライン）呉ICから一般道路経由で呉駅周辺まで約1km
**問合せ** 呉市観光振興課 ☎0823-25-3309
**広域図** 付録裏E4

大和ミュージアム4階の展望テラスから眺める呉港

## モデルコース

### 所要 3 時間

```
    JR呉駅
    ▼ 徒歩5分
❶  大和ミュージアム
    ▼ 徒歩1分
❷  てつのくじら館
    ▼ 徒歩9分、バス停教育隊
      前から呉電バス倉橋島
      線で7分
❸  アレイからすこじま
    （バス停潜水隊前）
    ▼ 呉電バス倉橋島線で7分
❹  入船山記念館
    （バス停眼鏡橋）
    ▼ 徒歩13分
    JR呉駅
```

## ＋ やまとみゅーじあむ／てつのくじらかん
## ❶大和ミュージアム／❷てつのくじら館

### 科学技術を比較できる

「大和ミュージアム」では10分の1サイズの戦艦「大和」や実物のゼロ戦などを展示。「てつのくじら館」では、海上自衛隊の活動を紹介し、潜水艦「あきしお」の艦内見学ができる。
**DATA** P124・125参照

**①**戦艦大和は10分の1でも迫力がある（大和ミュージアム）**②**全長76mもある実物の潜水艦「あきしお」（てつのくじら館）

### ＼広島県屈指の夜景スポット／

#### はいがみねてんぼうだい 灰ヶ峰展望台

標高737mの灰ヶ峰山頂付近にある展望台。呉湾に浮かぶ船や港の電燈などロマンチックな街並みが眼下に広がる広島県随一の夜景スポット。道中は道が狭いので注意。

呉の市街地から港の先までキラキラと美しく輝く

☎0823-23-7845（呉市観光案内所）🏠呉市栃原町 ⏰休周辺自由 🚗広島呉道路呉ICから約14km 🅿6台 **MAP**付録裏F4

## ❸ アレイからすこじま

あれいからすこじま

### 水に浮かぶ潜水艦は迫力満点

海上自衛隊の潜水艦と護衛艦がイカリを下ろし、世界でも珍しく潜水艦を間近に見られる公園。周辺には旧呉海軍工廠のレンガ建造物が立ち並び、かつて呉が海軍の本拠地であったことを偲ばせる雰囲気。その昔、戦艦「大和」も付近のドックで極秘に製造された。呉港が軍港だった時代に魚雷などの揚げ下ろしに使われたクレーンもモニュメントとして設置されている。☎0823-23-7845(呉市観光案内所) 住呉市昭和町 料見学自由 休学自由 交JR呉駅から広電バス呉倉橋島線で15分、潜水隊前下車、徒歩1分 P28台

遊歩道から潜水艦やクレーンが眺められる

## ❹ 入船山記念館

いりふねやまきねんかん

### 明治時代の趣が残る施設が点在

入船山公園内にある資料館。明治38年(1905)の資料をもとに復原した旧呉鎮守府司令長官官舎を中心に郷土館、歴史民俗資料館などからなり、呉の郷土史料や旧海軍資料などを展示している。旧呉鎮守府司令長官官舎には、金唐紙が貼られた豪華な洋館部があり、見ごたえたっぷり。客室や食堂は映画やTVドラマのロケ地にもなった。☎0823-21-1037 住呉市幸町4-6 料250円 時9～17時(最終入館16時30分) 休火曜(祝日の場合は翌日) 交JR呉駅から徒歩13分 P122台(有料)

旧呉鎮守府司令長官官舎は国の重文

## 呉 の 定 番 お や つ

### 福住

ふくずみ

揚げたてを味わいたい名物のフライケーキ100円。カリッとした生地に上品な甘さのこし餡が入り、油切りをしているので見た目もあっさり。☎0823-25-4060 住呉市中通4-12-20 時10～17時(売り切れ次第閉店) 休火曜(祝日の場合は翌日) 交JR呉駅から広電バス天応以尻線などで5分、本通3丁目下車徒歩3分 Pなし MAP P123C1

### 巴屋 片山店

ともえや かたやまてん

戦後に親しまれていた、素朴な「アイスクリン」の味を再現したアイスもなか140円が看板メニュー。黒瀬や吉浦など各所にミニ店舗がある。☎0823-24-3433 住呉市西中央5-13-10 時9～18時(火～木曜12時30分～16時30分) 休無休 交JR呉駅から広電バス辰川線などで4分、呉市役所前下車、徒歩3分 Pなし MAP P123A1

# 大人気の大和ミュージアム＆てつのくじら館へ

10分の1サイズの戦艦「大和」がある「大和ミュージアム」と、
そのすぐ近くにある「てつのくじら館」は、呉の2大人気スポットです。

## やまとみゅーじあむ
## 大和ミュージアム

### 戦艦「大和」の大迫力と船造りの技術に感動

当時世界最大といわれた戦艦「大和」の10分の1サイズや、実物のゼロ戦を展示。軍港として名を馳せた呉の歴史や造船・製鋼をはじめとした「科学技術」を紹介するほか、科学の体験コーナーなどもあり、誰でも楽しめる施設だ。

☎0823-25-3017 住呉市宝町5-20 ¥500円 ⏰9〜18時 休火曜（祝日の場合は翌日。12月29日〜1月3日は無休※2025年2月中旬〜2026年3月末までリニューアル工事のため休館）P65台（有料）交JR呉駅から徒歩5分 MAP P123A2

呉の歴史を知るならココは外せない！

> ## 大迫力の戦艦「大和」
> 実物の10分の1のサイズ、全長26.3m、幅約3.9mの戦艦「大和」の模型。写真や設計図、九州南西沖に沈む水中映像などから可能な限り詳細に再現したもの。

▲最新の体感型大型映像システムを備えている

**3階 大和シアター**
315インチのスクリーンで大迫力の映像が楽しめるコーナー。

**1階 大和ひろば**
入館するとまず広がるスペースには、シンボルの戦艦「大和」が！1階からは全景が見られる。

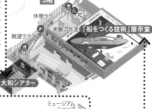

▶船の操縦体験ができる「チャレンジナビ」

▲今と昔の造船方法の違いをブロックを使って知る「ブロックゲーム」

**1階 大型資料展示室**
日本に1機しか残っていない零式艦上戦闘機六二型や人間魚雷「回天」などの実物を展示。

▼ゼロ戦は昭和53年（1978）に琵琶湖から引き揚げられたもの

**3階「船をつくる技術」展示室**
造船技術を利用したユニークな実験などにより、科学を体感できる人気のコーナー。

## 買って帰りたいおみやげ

**呉大和ラムネ**
2本セット572円
船員にも人気だったレトロ飲料
SHOP 大和ミュージアム

**ベビー用セーラー服**
4180円
0〜4歳まで着れる3サイズを展開
SHOP 大和ミュージアム

▲潜水艦という限られた空間の中での乗員の生活を紹介

◀潜水艦では昼夜を区別するため夜は赤色灯に。赤色灯の下での食事を再現

見学した後はカフェでひと休み

大和ミュージアム敷地内にある「SEASIDE CAFE BEACON」。呉海自カレー（護衛艦さみだれ1250円）などのメニューが人気。

☎0823-23-6000 ⏰11〜17時LO
休火曜 MAP P123A2

### 3階 潜水艦の活躍

潜水艦の歴史や機能を紹介するほか、乗員たちが過ごす艦内の居住空間をリアルに再現。

3階 潜水艦の活躍
潜水艦とは／潜水艦の機能／艦内生活／自衛隊情報コーナー／サブマリーナーへの道／魚雷の変遷／潜水艦の救難／潜水艦の変遷／潜水艦にとっての脅威／「あきしお」内部

2階 掃海艇の活躍
機雷の種類と技術／掃海艇による掃海／掃海のあゆみ／国際貢献／ヘリコプターによる掃海／掃海艇甲板再現／掃海艇の種類と変遷／掃海艇の構造と機能

1階 海上自衛隊の歴史
SHOP&CAFE／海上自衛隊の歴史

▲掃海具の一つである「フロート」。顔のイラストは乗員の手描き

### 2階 掃海艇の活躍

海にまかれた機雷を除去する「掃海」の活動を紹介。機雷や処分ロボットなどを展示する。

**日本唯一！ 実物の潜水艦展示**

長さ76.2m、基準排水量2250tの潜水艦「あきしお」は昭和61年（1986）〜平成16年（2004）まで使用されていたもの。実際の潜水艦を陸揚げして展示しているのは日本でココだけ！

### 1階 海上自衛隊の歴史

明治22年（1889）の旧海軍呉鎮守府設置から現在までの歴史を映像やパネルで紹介。

▲呉と深く関わりのある海上自衛隊の歴史がわかる

### 3階 潜水艦「あきしお」内部

乗員の生活スペースや機器類が並ぶ発令所、操舵席など興味深いみどころがたくさん。

◀昼用と夜用がある潜望鏡。実際の呉港の風景がのぞける

てつのくじらかん
（かいじょうじえいたいくれしりょうかん）

## てつのくじら館
## （海上自衛隊呉史料館）

**本物の潜水艦の内部に入れる入館無料の人気スポット**

正式名称は「海上自衛隊呉史料館」で、海上自衛隊の活動について、展示物などを使ってわかりやすく紹介。シンボルの潜水艦「あきしお」は内部に入って、士官室や操舵席を見学することができる。館内の各フロアや「あきしお」の内部にいる自衛隊OBのスタッフに、詳しい解説を聞くこともできる。

☎0823-21-6111 🏠呉市宝町5-32 ¥無料
⏰10〜18時（入館は〜17時30分）休火曜（祝日の場合は翌日。12月29日〜1月3日、その他臨時休館あり、GW中は開館）Pなし 交JR呉駅から徒歩5分 MAP P123 A2

ジャンボジェット機並みの大きさの潜水艦「あきしお」

---

**てつくじ
プリントクッキー
1000円**
15枚入り。シェアにぴったり
SHOP てつのくじら館

**あきしおマスコット
1300円**
ココでしか買えない限定アイテム
SHOP てつのくじら館

**海上自衛隊デジタル
青迷彩Tシャツ
2800円**
海上自衛隊青迷彩Tシャツ
SHOP てつのくじら館

**部隊識別帽
3080円**
各部隊で実際に被っている帽子
SHOP てつのくじら館

---

📖 潜水艦「あきしお」は、国内最大級のクレーンと移送台車17台を用いて、分解せずにそのままの姿で運ばれてきました。

# 海軍オリジナルレシピを復刻、呉の新定番「海軍グルメ」

旧海軍ゆかりの街・呉ならではの味が「海軍グルメ」。
海軍兵に親しまれていたハイカラメニューの数々を楽しみましょう。

**海軍さんにまつわること**
クジラカツは鯨肉独特のクセを消すために、海軍の料理人が試行錯誤のうえに生み出した。

**潜水艦「そうりゅう」テッパンカレー**
**1600円** Ⓐ
艦長のお墨付きを得たカレー。クジラカツや肉じゃがもセットになったメニュー。数量限定

**海軍さんにまつわること**
長い海上生活の間に、曜日の感覚がなくならないように「金曜日はカレー」と決まっていたのだそう。

**呉海自カレー護衛艦「うみぎり」**
**1500円（単品）** Ⓑ
2日間煮込んだ深い味わい。タマネギの甘みとスパイシーな辛さが楽しめる

## 「海軍グルメ」って？

明治の海軍の料理教科書や昭和の戦艦で出されていたレシピを復刻したもの。当時、兵隊の栄養不足による脚気の予防のために、西洋料理が取り入れられた。

## どんなメニューがあるの？

「肉じゃが」「カレー」「オムライス」など、なじみあるメニューから珍しいものまであり、それぞれに独特の調理法や海軍にまつわるエピソードがある。

## グルメマップもあります！

呉市内の名物グルメや海軍グルメが味わえるお店を紹介する「大和のふるさと呉グルメマップ」を呉市観光案内所（MAP P123 B2）などで配布している。

**くれはいからしょくどう**
### 呉ハイカラ食堂 Ⓐ

JR呉駅や大和ミュージアムからほど近い潜水艦内をイメージした雰囲気の海軍レストラン。

☎0823-32-3108 住呉市宝町4-21折本マリンビル3号館2階 営11～15時LO 休火曜 交JR呉駅から徒歩5分 P220台（1時間100円）MAP P123B2

**かふぇだいにんぐいるまーれ** Ⓑ
### カフェダイニングイルマーレ

一流ホテルのシェフが腕をふるう料理がリーズナブルに楽しめる。人気店なのでランチは予約がベター。

☎0823-20-1116（呉阪急ホテル・イルマーレ）住呉市中央1-1-1呉阪急ホテル1階 営11時30分～21時（20時LO）休無休 交JR呉駅からすぐ P30台 MAP P123B2

※海軍でんにまつわること
鯨肉は牛や豚肉よりも安価で手に入る肉類だったため、海軍では早くから使われていた。

ご当地麺「呉冷麺」も食べてみたい！
呉の名物グルメ・呉冷麺発祥の店が「珍来軒」。呉冷麺（小）850円は、コシが強い平打ち麺と甘みのあるスープが特徴。酢辛子や黒酢を加えて味の変化を楽しむのもおすすめ。
☎0823-22-3947 **MAP** P123C1

**戦艦長門御前**
**3300円 D**
戦艦長門の名物料理・鯨肉のカツレツは、下味にカレー粉をなじませて仕上げている。長門のおはぎ、酢ダコ、麺汁も当時のレシピで再現。
※要事前予約（前日まで）

※海軍でんにまつわること
グリーンピースは、「船が割れないように」と割り切れない奇数個がのせられる。

※海軍でんにまつわること
日本海軍の作り方を採用し、水を使わずに野菜の水分だけで作る。甘めの味付けなので「甘煮」ともよばれていた。

**海軍さんの**
**肉じゃが 500円 C**
ジャガイモや牛肉などの具を砂糖と醤油のみで煮込んだメニュー

**戦艦大和のオムライス**
**（紅茶付き）**
**デミ1000円**
**（ケチャップ900円）E**
時間をかけて仕上げた先代から受け継ぐデミグラスソースが自慢

---

いなかようしょく いせや
# 田舎洋食 いせ屋 C
海軍のコック長を務めた初代が大正10年（1921）に創業。洋食メニューがバラエティ豊かに揃い、特製カツ丼1320円も人気がある。
☎0823-21-3817 住呉市中通4-12-16 ⓣ11時～14時30分LO、17時～19時30分LO 休木曜 交JR呉駅から徒歩15分 Pなし **MAP** P123C1

にほんりょうり ごとう
# 日本料理 呉濤 D
瀬戸内の旬の食材を使い、匠の技が光る豊かな味わいを提供。☎0823-26-0005 住呉市築地町3-3クレイトンベイホテル1階 ⓣ11時30分～14時LO、17時30分～20時30分LO（土・日曜、祝日17時～） 休無休 交JR呉駅前から無料シャトルバスで10分 P80台 **MAP** P123A1

じゆうけん
# 自由軒 E
創業60年を越える老舗食事処。和洋折衷の懐かしい雰囲気の店内には座敷席もある。人気の戦艦大和のオムライスは必食だ。☎0823-24-7549 住呉市中通3-7-15 ⓣ11時30分～14時LO、17時～20時30分LO 休木曜 交JR呉駅から徒歩15分 Pなし **MAP** P123C2

📖 呉の夜のお楽しみは「蔵本通りの屋台（MAP P123C1）」。夜になると、ラーメンや創作料理などの屋台が並びます。

# 安芸灘とびしま海道から平清盛にもゆかりの地・御手洗へ

＋広島駅からバスで2時間8分

爽快な瀬戸内海の景観が楽しめるとあって人気の安芸灘とびしま海道。島々を巡りながら大崎下島の御手洗を目指します。

## ＋御手洗（みたらい）って こんなところ

江戸時代には潮待ちの港として栄えた御手洗。17世紀中ごろから昭和初期まで瀬戸内海の交通の中継港として発展し、今もその面影が残る。話題の平清盛ゆかりのお寺もある。

**アクセス**

🚌 **バス：**バス停御手洗港へは、広島駅からさんようバスととびしまライナーで2時間8分。同バスで広島バスセンターからは2時間20分、呉駅からは1時間40分

🚗 **クルマ：**広島呉道路呉ICから国道185号、安芸灘とびしま海道経由で呉市営駐車場まで約40km

**問合せ**
呉市観光振興課☎0823-25-3309
御手洗休憩所☎0823-67-2278
**広域図** 付録裏F〜14・5

1 情緒ある港町 2 常盤町通りは重要伝統的建造物群保存地区に指定 3 高台にある歴史の見える丘公園（入園自由）からは絶景が見られる 4 名物・大長みかんを使ったジュース※パッケージの変更あり

### モデルコース

**所要 2 時間**

バス停御手洗港
▼ 徒歩3分
❶ 乙女座
▼ 徒歩5分
❷ 天満宮
▼ 徒歩1分
❸ 若胡子屋跡
▼ 徒歩3分
❹ 南潮山 満舟寺
ぶらぶら歩いて30分
バス停御手洗港

## ＋❶乙女座（おとめざ）

### 創業当時の姿で復元された劇場

昭和12年（1937）に建てられ、当時モダン建物として注目を集めた劇場を再現した施設。外観は洋風、内観は和風という対照的なデザインが斬新。

☎0823-67-2278（御手洗休憩所）🏠呉市豊町御手洗243-1 ¥200円 🕐9時〜16時30分 休火曜 交バス停御手洗港から徒歩3分 Pなし

忠実に再現されている桟敷席と花道も必見

## ＋❷天満宮（てんまんぐう）

### 地名の由来ともされる場所

「御手洗」の地名の由来は諸説あるが、菅原道真が九州の太宰府に流される途中、ここに立ち寄り手水を使ったこともその一つとされる。菅公ゆかりの歌碑や井戸などがある。

☎0823-67-2278（御手洗休憩所）🏠呉市豊町御手洗134 ¥休境内自由 交バス停御手洗港から徒歩8分 Pなし

春の桜、秋の紅葉の時期はより荘厳な雰囲気に

## 安芸灘とびしま海道

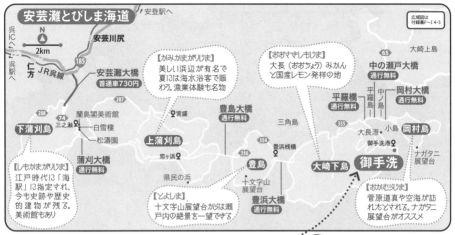

安芸川尻
安登駅へ
広域図は付録巻F〜14・5

JR呉線
185
2km
呉ICへ
仁方
→呉駅へ

287
安芸灘大橋
普通車730円

【かみかまがりじま】
美しい浜辺が有名で夏には海水浴客で賑わう。漁業体験も名物

【おおさきしもじま】
大長（おおちょう）みかんと国産レモン発祥の地

大崎上島
65

中の瀬戸大橋
通行無料

288
74
蘭島閣美術館
三之瀬
白雪楼
松濤園

岡村大橋
通行無料

平羅橋
通行無料
平羅島
中ノ島

下蒲刈島
宮盛

豊島大橋
通行無料

三角島
355
大長港・小島
御手洗港
岡村島

上蒲刈島
恋ヶ浜

354
豊浜桟橋
ナガタニ展望台

蒲刈大橋
通行無料

【しもかまがりじま】
江戸時代に「海駅」に指定され、今も史跡や歴史的建物が残る。美術館もあり

県民の浜
356
豊島
十字山展望台
大崎下島
御手洗

豊浜大橋
通行無料

【とよしま】
十文字山展望台からは瀬戸内の絶景を一望できる

【おかむらじま】
菅原道真や空海が訪れたとされる。ナガタニ展望台がオススメ

---

### 安芸灘とびしま海道って？

瀬戸内海の島々を7つの個性豊かな橋で結ぶルート。橋から望む多島美は必見。

上蒲刈島と豊島を結ぶ豊島大橋

---

恵美須神社
船宿跡脇屋家
七卿落遺跡
乙女座 ❶
御手洗橋
江戸みなとまち展示館
ゲストハウス醫 P.129
なまこ壁の鞆田邸
潮待ち館
大東寺
船宿カフェ若長 P.129
金子邸
南潮山満舟寺 ❷
天満宮
船宿跡三軒長屋
高燈籠
住吉神社
若胡子屋跡 ❸
歴史の見える丘公園
千砂子波止
市営駐車場へ
50m
N

---

### ちょっとひとやすみ

ふなやどかふぇわかちょう
### 船宿カフェ若長

江戸時代の船宿だった建物をリフォームし、レトロなカフェとして再オープン。ギャラリー併設のフロアで、レモンぜんざい650円などを堪能したい。

☎050-3558-4141 住呉市豊町御手洗325 営土・日曜・祝日11〜17時 休平日 交バス停御手洗港から徒歩12分 P1台 MAPP129下

げすとはうすくすし
### ゲストハウス醫

レトロな洋館をリノベーション。併設のBarでは、島特有の柑橘をたっぷり使った自家製シロップをかけたかき氷が人気。手作りシロップは購入することもできる。

☎070-2365-0924 住呉市豊町御手洗255-2 営7〜10月末ごろの土・日曜・祝日12〜16時 休期間中無休 交広島呉道路呉ICから車で1時間 Pなし MAPP129下

---

❸
わかえびすやあと
## 若胡子屋跡

### 往時を偲ぶお茶屋跡を見学

御手洗地区で最大の規模を誇った、かつてのお茶屋の跡。薩摩から持ち帰った桜島の溶岩が練り込まれているという真っ白な土壁が美しい。

☎0823-67-2278（御手洗休憩所） 住呉市豊町御手洗149-1 ￥営休外観のみ見学可 交バス停御手洗港から徒歩7分 Pなし

現在は建物改修のため、外観のみ見学

---

❹
なんちょうざん まんしゅうじ
## 南潮山 満舟寺

### 平清盛にゆかりが深い名刹

平清盛が庵を結び、十一面観音を安置した地として知られる。豊臣秀吉が四国攻略の際に加藤清正に築造させたと伝わる「乱れ築き」の巨大な石垣も見ごたえがある。

☎0823-67-2278（御手洗休憩所） 住呉市豊町御手洗 ￥営休境内自由 交バス停御手洗港から徒歩6分 Pなし

境内を石垣が取り囲む構造が興味深い

---

恵美須神社（MAP P129）は恋のパワースポットとしても人気。大鳥居を抱いて、海に向かい好きな人の名前を叫ぶと恋がかなうとか。

# お酒好きにはたまりません！
# 西条で酒蔵巡り

広島駅から電車で37分

酒処・西条では酒蔵巡りはもちろん、酒の町ならではの
イベントやグルメも満喫できます。昔ながらの町並みも魅力的です。

## 西条（さいじょう）って こんなところ

江戸時代には本陣が置かれ、宿場町として栄えた西条。現在は伏見、灘と並ぶ酒の都として全国的に名を馳せる。旧山陽道沿いには白壁やなまこ壁の建物に赤レンガの煙突を有する蔵元が点在し、酒蔵を改装したカフェやショップ、見学蔵を併設する蔵元もある。

**アクセス**

🚃 **電車**：広島駅からJR山陽本線で西条駅まで37分

🚗 **クルマ**：山陽自動車道西条ICから国道375号経由で酒蔵通りまで約2km

**問合せ**
東広島市ブランド推進課 ☎082-426-3093
西条酒蔵通り観光案内所 ☎082-421-2511
**広域図** 付録裏G2

JR西条駅の周辺に広がる酒蔵の町並み。のんびりと散策しよう

### ＼ 西条をもっと楽しみましょう ／

#### さかぐらのまち てくてくガイド
#### 酒蔵のまち てくてくガイド

ボランティアガイドによる酒蔵通りの無料案内ツアー。毎月10日開催、西条酒蔵通り観光案内所（西条駅2階）に集合、予約不要。

☎082-421-2511 🏠東広島市西条本町17-1 ⏰10～11時（臨時出発）東広島市観光案内所（西条駅2階）へはJR西条駅から徒歩1分 🅿なし **MAP**P130A1

#### さけまつり
#### 酒まつり

全国の地酒約1000銘柄の試飲ができる「酒ひろば」がスタンバイするほか、美酒鍋といった各種グルメが楽しめるコーナーも人気。

☎082-420-0330 🏠JR西条駅付近 💰無料（一部有料会場あり）📅毎年10月3連休の土・日曜 🚃西条中央公園へはJR西条駅から徒歩5分 🅿臨時駐車場あり **MAP**P130A2

## ❶ 一号蔵 直営店
いちごうぐら ちょくばいてん

### 酒都・西条最大級の蔵蔵を見学 🍶🛍️

鑑評会で幾度となく金賞に輝く、明治6年（1873）創業の老舗。造造りにまつわる展示のほか、プレミアムバーや限定酒などの買い物が楽しめる。フォトスポットも多数ある。☎0120-422-212　住東広島市西条本町9-7　⏰10～18時　休不定休　交JR西条駅から徒歩3分　🅿5台

▲綺麗に商品が並んでいるので見やすい

\おすすめ/

▲特製ゴールド賀茂鶴720㎖2750円がイチオシ

◀COKUN
500㎖1298円

▶純米吟醸朱泉本仕込720㎖1815円

\*\*\*\*\*\*\*\*\*\*\*\*\*\*\*\*
### ココにも立ち寄りたい

### 佛蘭西屋
ふらんすや

賀茂鶴の日本酒とそれに合う和洋食を味わえる日本酒ダイニング。賀茂鶴発祥の美酒鍋や、広島牛ほほ煮込み料理など、こだわりのメニューを堪能できる。
☎082-422-8008　住東広島市西条本町9-11　⏰11時30分～14時30分（14時LO)、17～22時（21時LO)　休木曜、第2・4月曜（第2・4月曜が祝日の場合は翌日）　交JR西条駅から徒歩3分　🅿あり
MAP P130B1

\*\*\*\*\*\*\*\*\*\*\*\*\*\*\*\*

## ❸ 亀齢酒造 🍶🛍️
きれいしゅぞう

### 明治時代に創業の老舗酒蔵

大正6年（1917）に全国清酒品評会で日本初の名誉賞を受賞した酒蔵。蔵を改装したショップ「万年亀舎」では限定酒やみやげ品を販売する。
☎082-422-2171　住東広島市西条本町8-18　⏰9～16時（土・日曜、祝日10時30分～）　休不定休　交JR西条駅から徒歩4分　🅿2台

▲甘口が多い広島の酒のなかでも、辛口として知られる

## ❷ 賀茂泉酒造 🍶🛍️☕
かもいずみしゅぞう　有料

### カフェ併設の純米酒メーカー

広島を代表する純米酒の蔵元。併設の「お酒喫茶酒泉館」には賀茂泉のお酒が常時20種以上揃い、酒フルーツケーキなどのスイーツもある。
☎082-423-2021（お酒喫茶酒泉館）　住東広島市西条上市町2-4　⏰8時30分～12時、13時30分～17時（蔵見学は要予約）　休土・日曜、祝日（お酒喫茶酒泉館は要問合せ）　交JR西条駅から徒歩8分　🅿10台

▲酒泉館では賀茂泉おすすめ飲み比べセットをぜひ

徒歩4分

徒歩3分

▲昭和初期の洋館を利用したお酒喫茶酒泉館

▶酒粕が入った吟醸ジェラート350円

\おすすめ/

▲蔵元限定酒720㎖1650円（右）、亀齢 大吟醸「創」720㎖2750円

▼オリジナルグッズが揃う万年亀舎。試飲可

# 江戸時代の町並みが残る
# 安芸の小京都・竹原そぞろ歩き

**広島駅から バスで1時間26分**

本通りをメインとしたエリアは棒瓦（ぼうかわら）の屋根や塗籠（ぬりご）め壁などの
風情ある建物が数多く残る。往時に思いを馳せながらのんびり散策しよう。

## 竹原（たけはら）って
## こんなところ

平安時代は京都の下鴨神社の荘園
として栄え、江戸時代になると製塩と
酒造業により発展した町。由緒ある屋
敷などが現存する「町並み保存地区」
は「安芸の小京都」とよばれる風情あ
ふれるエリアで、国の重要伝統的建造
物群保存地区にも指定されている。

### アクセス
**バス：**広島駅から芸陽バスかぐや姫号で竹原
駅まで1時間26分
**クルマ：**山陽自動車道河内ICから国道432号
経由で道の駅たけはらまで約14km

### 問合せ
竹原市産業振興課☎0846-22-7745
竹原市観光協会☎0846-22-4331
**広域図** 付録裏I3

江戸時代の町並みが残るエリアは「町並み保存地区」として景観が守られている

---

### モデルコース

#### 所要 **3** 時間

| JR竹原駅 |
| :---: |
| ↓ 徒歩10分 |
| ❶ 旧森川家住宅 |
| ↓ 徒歩7分 |
| ❷ 旧松阪家住宅 |
| ↓ 徒歩5分 |
| ❸ 西方寺普明閣 |
| ↓ 徒歩10分 |
| ❹ 藤井酒造酒蔵交流館 |
| ↓ ぶらぶら歩いて 25分 |
| JR竹原駅 |

## ❶旧森川家住宅（きゅうもりかわけじゅうたく）

### 歴史的価値が高い
### 格式ある豪邸

明治～大正期に建てられた主屋や離
れ座敷、茶室、土蔵、表門など9棟の
建物からなる豪邸。後世の改造が少
なく、建築当時の姿を美しく保ってい
ることから、市の重要文化財に指定
されている。数あるみどころのなかで
も床の間や付書院には細部にいたる
まで、繊細で美しい細工があらゆると
ころに施されている。

☎0846-22-8118 **住**竹原市中央3-16-33
**¥**200円 **時**10～16時 **休**木曜、12月27日～
1月3日 **交**JR竹原駅から徒歩10分 **P**なし

**1**当時の高い大工技術を今に伝える見事な門
**2**土蔵も立つ広い中庭は風情ある雰囲気

※一部建物改修中

## ❷旧松阪家住宅
きゅうまつさかけじゅうたく

### 意匠を凝らした豪華な邸宅

江戸時代に塩田経営者として富を築いた豪商・松阪家の屋敷跡。"てり・むくり"とよばれる波打つような大屋根や黄大津（和風建築の手法）の漆喰、菱格子の出窓などの独自の設計は、竹原の町並みのなかでも異彩を放つ。めでたい祭礼の際などに花嫁が使用したと伝えられている乗り籠や年代物の蓄音機など、往時の繁栄を偲ばせる品も展示されている。

☎0846-22-5474 竹原市本町3-9-22
¥300円 ⏰10〜16時 休水曜、12月27日〜1月3日 交JR竹原駅から徒歩15分 Pなし

優雅な雰囲気が漂う数寄屋造りの座敷は必見

## ❸西方寺普明閣
さいほうじふめいかく

### 朱塗りの舞台から町を一望

京都・清水寺の舞台を模して建立したといわれる朱塗りの舞台。屋根の形が特徴的な竹原の町並みのシンボル的建物だ。また、普明閣からは竹原の町を一望できることから、訪れた人は必ず上るという観光スポットでもある。西方寺の境内には本堂や鐘楼、山門などが立ち、城郭のような壮大な石垣にも目が奪われる。江戸時代の雰囲気を感じるにはもってこい。

☎0846-22-7745（竹原市産業振興課）
竹原市本町3-10-44 ¥休境内自由
交JR竹原駅から徒歩20分 Pなし

懸崖造の手法が用いられた朱塗りの舞台

## ❹藤井酒造酒蔵交流館
ふじいしゅぞうさかぐらこうりゅうかん

### 酒の香りが漂う酒蔵ショップ

江戸時代末期に建てられた酒蔵の一角を、ショップやコミュニケーションスペースにリノベート。太い柱や梁が残る蔵には、ほんのりと酒の香りが漂っている。日本酒をはじめ酒にちなんだ商品や小物なども販売していて、洒落たおみやげにも最適だ。数種類の日本酒は無料で試飲できるので、酒の町・竹原を訪れた記念にぜひ試してみたい。

☎0846-22-5158
竹原市本町3-4-14 ¥入館無料 ⏰11〜16時 休月曜（祝日の場合は翌日）交JR竹原駅から徒歩20分 Pあり

本格手打ちそばを味わえるそば処も併設

### ほり川
ほりかわ

築約200年の醤油蔵を改築したお好み焼き店。酒粕と日本酒を生地に練り込んだ純米吟醸たけはら焼き（肉豚入り）1200円がイチオシ。
☎0846-22-2475
竹原市本町3-8-21
⏰11時〜13時30分 LO、17時〜18時30分LO 休水曜（祝日の場合は営業）交JR竹原駅から徒歩16分 P8台 MAP P133B1

### Cafe 青
かふぇ あお

蔵をリノベーションしたレトロモダンなカフェ。青ランチ1100円やケーキセット850円などが楽しめる。
☎0846-22-3073 竹原市本町3-9-28 ⏰10〜17時ごろ 休火曜、最終月曜 交JR竹原駅から徒歩15分 P3台 MAP P133B1

📖 毎年5月に町並み保存地区周辺を会場として開催される「たけはら竹まつり」。竹をテーマにしたさまざまなイベントもあります。

# 広島へのアクセス

東海道・山陽・九州新幹線沿線からは、新幹線を利用するのが一般的。
東京からは航空便も多く、割引運賃は新幹線より安くなることも。

## 飛行機で行く

東京(羽田)空港からは便数が多い。割引運賃を上手に使うと安くなる。広島空港は市街地から離れているのでリムジンバスを利用してアクセスする。

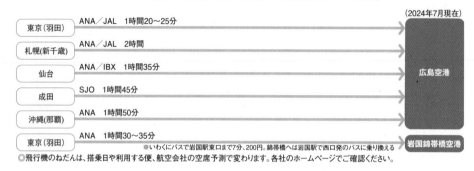

(2024年7月現在)

| 出発地 | 航空会社 | 所要時間 | 到着地 |
|---|---|---|---|
| 東京(羽田) | ANA／JAL | 1時間20〜25分 | 広島空港 |
| 札幌(新千歳) | ANA／JAL | 2時間 | 広島空港 |
| 仙台 | ANA／IBX | 1時間35分 | 広島空港 |
| 成田 | SJO | 1時間45分 | 広島空港 |
| 沖縄(那覇) | ANA | 1時間50分 | 広島空港 |
| 東京(羽田) | ANA | 1時間30〜35分 | 岩国錦帯橋空港 |

※いわくにバスで岩国駅東口まで7分、200円。錦帯橋へは岩国駅で西口発のバスに乗り換える
◎飛行機のねだんは、搭乗日や利用する便、航空会社の空席予測で変わります。各社のホームページでご確認ください。

## 広島空港からのアクセス

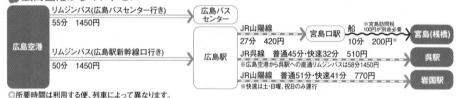

広島空港 → リムジンバス(広島バスセンター行き) 55分 1450円 → 広島バスセンター

広島空港 → リムジンバス(広島駅新幹線口行き) 50分 1450円 → 広島駅

広島駅 → JR山陽線 27分 420円 → 宮島口駅 → 船 10分 200円※ → 宮島(桟橋)
※宮島訪問税100円が別途必要

広島駅 → JR呉線 普通45分・快速32分 510円 → 呉駅
※広島空港から呉駅への直通リムジンバスは58分1450円

広島駅 → JR山陽線 普通51分・快速41分 770円 → 岩国駅
※快速は土・日曜、祝日のみ運行

◎所要時間は利用する便、列車によって異なります。

##  お得な航空運賃

大手航空会社では、ほぼ1年前から航空券の予約をすることができる。ANAにはスーパーバリュー、JALにはスペシャルセイバーという割引運賃があり、利用時期や空席状況でねだんが変わってくる。いずれも搭乗日の75・55・45・28・21日前までなどの期限があるが、早めに購入すればするほどおトクだ。予約時期や購入期限、取消料などの条件は各社のHPで確認を。

## 📞 問合せ一覧

### 航空会社
- ●ANA (全日空)
☎0570-029-222
- ●JAL (日本航空)
☎0570-025-071
- ●IBX (アイベックスエアラインズ)
☎0570-057-489
- ●SJO (スプリングジャパン)
☎0570-666-118

### 空港連絡バス
- ●広島電鉄バス
☎0570-550700
- ●いわくにバス
☎0827-22-1092

### 鉄道
- ●JR西日本
☎0570-00-2486
- ●JR東海
☎050-3772-3910
- ●広島電鉄 (電車)
☎0570-550700

### 高速バス
- ●JR東海バス
☎0570-048939
- ●西日本JRバス
☎0570-00-2424
- ●日交バス・日ノ丸バス
☎0859-35-0022(米子)
- ●一畑バス
☎0852-20-5252
- ●石見交通
☎0855-27-2211(浜田)
☎0856-24-0080(益田)
- ●JR四国バス (高松)
☎087-825-1657

- ●せとうちバス・しまなみリーディング
☎0898-25-4873
- ●中国JRバス
☎0570-666-012
- ●JR九州バス
☎092-643-8541
- ●広島電鉄バス
☎0570-550700

### 高速船・フェリー
- ●瀬戸内海汽船
☎082-253-1212
- ●石崎汽船
☎089-953-1003

## 新幹線で行く

ターミナルは広島駅になり、新幹線の全列車が停車する。駅前からは、路面電車の路線が広島タウンへ延び、アクセスも便利。「のぞみ」「みずほ」が停車しない三原駅や新岩国駅へ向かうには、福山駅や広島駅で「こだま」に乗り換えるといい。

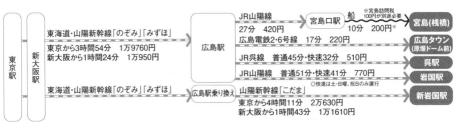

| | | |
|---|---|---|
| **東京駅** | **新大阪駅** | |

東海道・山陽新幹線「のぞみ」「みずほ」
東京から3時間54分 1万9760円
新大阪から1時間24分 1万950円
→ **広島駅**

東海道・山陽新幹線「のぞみ」「みずほ」
→ **広島駅乗り換え**
山陽新幹線「こだま」
東京から4時間11分 2万630円
新大阪から1時間43分 1万1610円
→ **新岩国駅**

JR山陽線 27分 420円 → 宮島口駅 —船— 10分 200円※ → **宮島(桟橋)**
※宮島訪問税100円が別途必要
広島電鉄2・6号線 17分 220円 → **広島タウン(原爆ドーム前)**
JR呉線 普通45分・快速32分 510円 → **呉駅**
JR山陽線 普通51分・快速41分 770円 → **岩国駅**
快速は土・日曜、祝日のみ運行

◎ねだんは、運賃・特急料金(通常期の普通車指定席)を合計したものです。 ◎所要時間は利用する便、列車により異なります。

## 高速バスで行く

東京・横浜・関西からは夜行バスが運行。関西・山陰・四国・博多からは昼間の便を多数運行している。高速バスは新幹線より多少時間はかかるが、乗り換えなく直行できるので便利。

※ BC=バスセンター　BT=バスターミナル　●=予約制　（2024年7月現在）

| 地域 | 出発地 | 行き先 | バス愛称名 | 問合先 | 片道ねだん | 所要時間 | 便数(1日) | 予約 | 夜行・昼行 |
|---|---|---|---|---|---|---|---|---|---|
| 首都圏 | 東京駅八重洲南口・横浜駅(YCAT) | 広島駅→広島BC | ドリーム岡山・広島号 | 中国JRバス | 4,000円〜16,000円 | 12時間25分 | 1便 | ● | 夜行 |
| 中部 | 名古屋駅新幹線口 | 広島BC→広島駅 | 広島ドリーム名古屋号 | JR東海バス | 5,890円〜9,050円 | 9時間52分 | 1便 | ● | 夜行 |
| 近畿 | 大阪駅JR高速BT | 広島BC→広島駅 | 広島ドリーム大阪号 | 西日本JRバス | 4,000円〜9,500円 | 8時間 | 1便 | ● | 夜行 |
| | 大阪駅JR高速BT | 広島BC→広島駅 | 広島エクスプレス大阪号 | 西日本JRバス | 3,000円〜8,000円 | 5時間20分 | 2便 | ● | 夜行 |
| 山陰 | 米子駅 | 広島BC→広島駅 | メリーバード号 | 日交バス/日ノ丸バス | 3,400円〜4,800円 | 3時間38〜43分 | 4便 | ● | 昼行 |
| | 松江駅 | 広島BC→広島駅 | グランドアロー | 一畑バス | 3,400円〜4,800円 | 3時間15〜23分 | 10便 | ● | 昼行 |
| | 出雲市駅 | 広島BC→広島駅 | みこと | 一畑バス | 4,200円 | 3時間11分〜19分 | 6〜9便 | ● | 昼行 |
| | 浜田駅 | 広島BC→広島駅 | いさりび号 | 石見交通 | 3,090円 | 2時間18分〜28分 | 11便 | ● | 昼行 |
| | 益田駅 | 広島BC→広島駅 | 清流ライン高津川号 | 石見交通 | 3,770円 | 3時間10分 | 6便 | ● | 昼行 |
| 四国 | 高松駅高速BT | 広島駅→広島BC | 高松エクスプレス広島号 | JR四国バス | 3,000円〜4,500円 | 3時間45〜50分 | 4〜5便 | ● | 昼行 |
| | 今治駅前 | 広島駅→広島BC | しまなみライナー | せとうちバス・しまなみリーディング | 4,200円 | 2時間50分 | 3便 | ● | 昼行 |
| 九州 | 博多BT | 広島駅→広島駅 | 広福ライナー | JR九州バス | 2,000円〜4,250円 | 4時間49分 | 4〜5便 | ● | 昼行 |
| | 博多BT | 広島BC→広島駅 | 広島ドリーム博多号 | JR九州バス | 3,500円〜6,000円 | 7時間36分 | 1便※1) | ● | 夜行 |

＊1) 週末や繁忙期など特定日のみ運行

### 広島のバスターミナルはバスセンターと広島駅

広島の高速バスの起終点は、JR広島駅北側駅前の広島新幹線口と、広島の中心地・紙屋町にある広島バスセンター(BC)の2カ所。

宮島や呉などの広島近郊へJRで移動するなら広島駅で乗り換えるのが便利。広島駅から路面電車で広島港や宮島方面へ行くには、広島駅2階の自由通路を通り、南口の路面電車乗り場へ。なお、路面電車乗り場は、2025年春に広島駅ビルの2階へ移転する予定。

市内の中心街にある広島バスセンターは「広島そごう(アクア)」の3階にあり、原爆ドームや平和記念公園などへは徒歩で行くことができる。宮島や広島港に路面電車で行くには、紙屋町東/西電停や本通電停を利用する。呉などの郊外にバスで行くなら、広島バスセンターに発着する広電バスや広島バスを利用。

問合せ：広島バスセンター
バス案内所
☎ 082-225-3133

## 四国・松山からは高速船が安くて早い！

松山からは鉄道だと遠回りになる。松山市街→松山観光港はバスで25分、宇品港→広島市街は路面電車で35分なので、乗り換え時間を加えても高速船ならば合計2時間40分ほどで着ける。

| 航路 | 所要時間 | ねだん | 自動車運賃 | 便数(1日) | 運行会社 |
|---|---|---|---|---|---|
| 《スーパージェット》松山観光港〜呉(中央桟橋)〜広島港(宇品) | 1時間10〜20分 | 8,000円 | — | 9便(呉経由は4便) | 石崎汽船/瀬戸内海汽船 |
| 《クルーズフェリー》松山観光港〜呉(中央桟橋)〜広島港(宇品) | 2時間40分 | 5,000円 | 11,000円 | 10便 | |

◎自動車運賃はフェリーマイカー割引を利用した4〜5mの普通乗用車の片道で、ドライバー1名の運賃を含みます。

## 車で行く

広島県内では海岸沿いを山陽自動車道、山側を中国自動車道が縦断していて、さらに広島自動車道が双方を結んでいる。ETC利用なら休日割引で高速料金もお得になる。広島市内には1〜4号線の広島高速道路があり、5号線(東部線)も建設中。

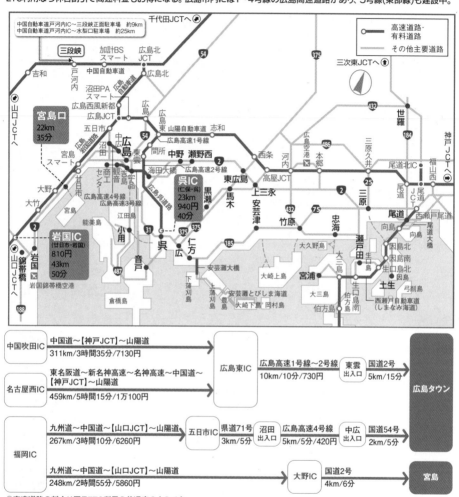

| 中国吹田IC | 中国道〜【神戸JCT】〜山陽道<br>311km/3時間35分/7130円 | 広島東IC | 広島高速1号線〜2号線<br>10km/10分/730円 | 東雲<br>出入口 | 国道2号<br>5km/15分 | 広島タウン |
| 名古屋西IC | 東名阪道〜新名神高速〜名神高速〜中国道〜【神戸JCT】〜山陽道<br>459km/5時間15分/1万100円 | | | | | |
| 福岡IC | 九州道〜中国道〜【山口JCT】〜山陽道<br>267km/3時間10分/6260円 | 五日市IC | 県道71号<br>3km/5分 | 沼田<br>出入口 | 広島高速4号線<br>5km/5分/420円 | 中広<br>出入口 | 国道54号<br>2km/5分 | 広島タウン |
| | 九州道〜中国道〜【山口JCT】〜山陽道<br>248km/2時間55分/5860円 | 大野IC | 国道2号<br>4km/6分 | 宮島 |

◎高速道路の料金は平日ETC利用の普通車のものです。
◎NEXCO西日本などの高速道路・有料道路(大阪・東京の近郊区間を除く)では、ETC利用車を対象に「休日割引」(30%割引)を実施中。詳しくは各社のHPなどで。

### ☎ 問合せ一覧

**日本道路交通情報センター**
●中国地方・広島情報
☎050-3369-6634
●中国地方高速情報
☎050-3369-6769

**NEXCO西日本**
●お客さまセンター
☎0120-924863
☎06-6876-9031

**広島高速道路公社**
☎082-250-1181

# 広島タウンのまわり方

広島の市内や宮島方面には路面電車が走り、フリーきっぷもあって便利。
2025年春には、広島駅の新駅ビル2階の電車のりばから街へ直結。

## 路面電車が便利です（下図参照）

広島駅電停などを起点に頻繁に運行され、市内巡りに最適。
運賃は市内線が220円均一（9号路〈白島線〉のみ160円）。
広島駅から原爆ドーム前へは約20分、原爆ドーム前から電電宮島口へは2号線が約55分で直通運行し、270円。

## 路面電車の広島駅電停が2025年春移転

2025年春、広島駅周辺の路面電車のルートが変更され、駅に向かう1・2・6号線の電車は稲荷町から駅前通に入り、高架線に上って新駅ビル2階のJR中央改札付近まで乗り入れる。5号線も比治山下から稲荷町に向かう新ルートに変わる。広島駅の乗り場へは各号路線専用の乗り場が設けられる。これにより、現在の的場町〜猿猴橋町〜広島駅間が廃止され、残った稲荷町〜的場町間と比治山下〜的場町間は直通可能に変更されて、的場町〜紙屋町東〜広電本社前〜皆実町六丁目〜的場町の循環系統が新設される予定となっている。

## お得なチケット

電車一日乗車券 700円

一日乗車乗船券 1000円（宮島訪問税100円含む）

電車一日乗車券は、広島電鉄の電車全線（下図参照）が1日乗り降り自由。一日乗車乗船券は、それに加えて宮島口〜宮島間の宮島松大汽船が1日乗り降り自由。JR西日本の宮島フェリーは利用できないので注意。

### 広島たびパス 1dayパス 1000円

広島電鉄の電車全線と宮島へ渡る2社の航路に加え、市内を走る6社の路線バスの指定エリア内が1日乗り降り自由。市内循環バス「ひろしまめいぷる〜ぷ」も利用可。2日用1500円、3日用2000円もある。スマホで購入するデジタル版も同額、同内容だが24時間制になっており、購入の翌日（3日目、4日目）の購入時刻まで利用できるので便利。

※詳細は広島電鉄の公式Webサイトを確認

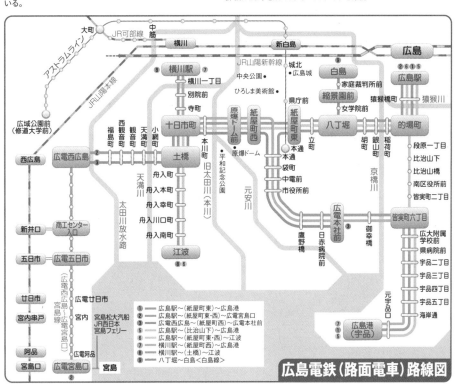

広島電鉄（路面電車）路線図

# 広島県内の観光スポットをどうまわる?

広島タウンを起点に県内を移動するには、JR山陽本線・呉線や広島電鉄の路面電車が便利。目的地によっては、高速バスや路線バス、船のほうが便利な場合もある。

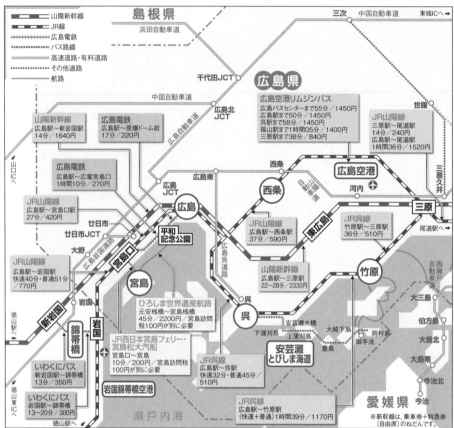

**凡例**
- 山陽新幹線
- JR線
- 広島電鉄
- バス路線
- 高速道路・有料道路
- その他道路
- 航路

**島根県** 浜田自動車道

**広島県**

三次 中国自動車道 東城ICへ→

千代田JCT

**山陽新幹線**
広島駅〜新岩国駅
14分／1640円

**広島電鉄**
広島駅〜爆ダ ム前
17分／220円

**広島空港リムジンバス**
広島バスセンターまで55分／1450円
広島駅まで50分／1450円
呉駅まで58分／1450円
福山駅まで1時間05分／1400円
三原駅まで38分／840円

**JR山陽線**
三原駅〜尾道駅
14分／240円
広島駅〜尾道駅
1時間36分／1520円

世羅

広島北JCT

**広島電鉄**
広島駅〜広電宮島口
1時間10分／270円

西条

広島空港

河内

三原久井

**JR山陽線**
広島駅〜宮島口駅
27分／420円

広島東

西条

**JR山陽線**
広島駅〜西条駅
37分／590円

東広島

**JR呉線**
竹原駅〜三原駅
36分／510円

三原

尾道駅へ→

廿日市

廿日市JCT

広島JCT

**広島**

平和記念公園

**JR山陽線**
広島駅〜岩国駅
快速40分・普通51分／770円

大野

宮島口

**宮島**

**山陽新幹線**
広島駅〜三原駅
22〜28分／2330円

竹原

岩国

新岩国

岩国

**ひろしま世界遺産航路**
元安桟橋〜宮島桟橋
45分／2200円／宮島訪問
税100円が別に必要

呉

**安芸灘とびしま海道**

大三島

伯方島

大島北

**いわくにバス**
新岩国〜錦帯橋
13分／350円

錦帯橋

**JR西日本宮島フェリー・宮島松大汽船**
宮島口〜宮島
10分／200円／宮島訪問税
100円が別に必要

下蒲刈島
上蒲刈島

安芸灘大橋

大崎下島
御手洗

岡村島

豊島

今治北

今治

**いわくにバス**
新岩国〜錦帯橋
13〜20分／300円

岩国錦帯橋空港

**JR呉線**
広島駅〜呉駅
快速32分・普通45分／510円

**愛媛県**

**JR呉線**
広島駅〜竹原駅
(快速＋普通)1時間39分／1170円

瀬戸内海

※新幹線は、乗車券＋特急券
(自由席)のねだんです。

---

🚌 **バスもあります**　路線によって便数も少なく、日中の観光に便利な時間に走っていないので、気をつけよう。

| 行き先 | ルート | バス愛称名 | 所要時間 | 片道ねだん | 便数 | 問合せ |
|---|---|---|---|---|---|---|
| 岩国(錦帯橋)へ | 広島BC〜錦帯橋〜岩国駅前 | … | 1時間10分 | 950円 | 1日12〜14便 | いわくにバス |
| 安芸灘とびしま海道へ | 広島前〜下蒲刈島(見戸代)〜上蒲刈島(営業センター)〜大崎下島(御手洗港)〜沖友天満宮前) | … | 1時間30分 | 1,290円 | 1日10〜12便 | 瀬戸内産交バス |
| 呉へ | 広島BC〜呉駅前 | クレアライン | 46分 | 780円 | 5〜20分ごと | 広島電鉄バス/中国JRバス |
| 竹原へ | 広島BC〜広島駅〜竹原駅〜竹原フェリー前 | かぐや姫号 | 1時間26分 | 1,350円 | 1時間に1便 | 芸陽バス |
| 三段峡へ | 広島BC〜(高速経由)〜安芸太田町役場〜三段峡 | 高速経由三段峡線 | 1時間20分 | 1,570円 | 1日2〜4便 | 広島電鉄バス |

☎ **問合せ一覧**

**バス**
- いわくにバス ☎0827-22-1092
- 瀬戸内産交バス ☎0823-70-7051
- 広島電鉄バス ☎0570-550700
- 中国JRバス ☎0570-010-666
- 芸陽バス ☎0846-22-2234

# 交通プラスネタ

## ●宮島・瀬戸内tabiwaぐるりんパス

JR西日本の旅行サイト「tabiwa by WESTER」からスマホで購入するデジタルフリーきっぷ。広島周辺のJR線と、広島の路面電車やめいぷる〜ぷバス、観光船が3日間乗り放題、広島駅などのレンタサイクルも1回無料、観光施設の入場券付きで3600円。往復の新幹線などのチケットは別に購入する。利用日の1カ月前から利用当日までの発売。発売期間は2025年3月31日まで。問合せ：ＪＲ西日本　☎0570-00-2486

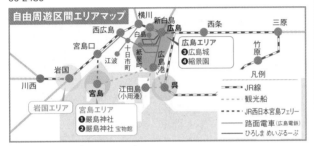

自由周遊区間エリアマップ

## ●ひろしまリバークルーズ

平和記念公園近くの元安橋桟橋から出航。「元安川〜本川遊覧25分コース」は原爆ドームを川の上から望み、楠木の大雁木で折り返す。10:00 〜 15:40に9便、1500円。所要60分の「ぐるり一周コース」2500円や、平和公園⇔広島駅前航路（片道2000円）もある。16:30以降には「サンセットクルーズ」約40分、2000円も運航。2024年は水曜（12月は火・水曜）休航。25分コースは当日予約可、ほかは前日までに予約。問合せ：リバーシークルーズ　☎082-258-3188

## ●2つのロープウエー

「宮島ロープウエー」宮島の弥山に登るには、ロープウエーが便利。紅葉谷駅から循環式の紅葉谷線に乗車して、榧谷駅で交走式の獅子岩線に乗り換え、獅子岩駅に到着する。往復2000円。乗車を含めた観光時間は1時間ほど、弥山の頂上へはさらに往復1時間ほどかかる。始発は9:00発、下りの最終は16:30発。
問合せ：宮島ロープウエー　☎0829-44-0316
「岩国城ロープウェー」岩国美術館近くの山麓駅から、城山(標高約200m)の山頂駅まで約3分で結ぶ。展望台からは、錦川と錦帯橋、旧城下町から、遠くは岩国空港、瀬戸内海の島々までの眺望が楽しめる。往復560円。
問合せ：岩国城ロープウェー（錦川鉄道岩国管理所）　☎0827-41-1477

## ●広島ベイクルーズ 銀河 ※2024年12月運航終了

宮島の厳島神社の大鳥居を海から眺めたり、広島湾内で食事をしながらのクルーズができる、瀬戸内海汽船の「銀河」。ランチクルーズは広島港12:00発→14:30着で、8000円〜。ディナークルーズが広島港18:50発→21:00着（土・日曜、祝日は1時間早着発）、1万円〜。ほかに、宮島港で下船してフリーで宮島観光をして高速船で広島港に戻る宮島パック（+1800円）もある。月・火曜など休航日あり、要確認。問合せ：広島ベイクルーズ 銀河（瀬戸内海汽船）　☎082-255-3344

## ●1day呉パス

呉市中心部から瀬戸の音戸まで、呉市内の指定区間内の広島電鉄の路線バスが1日乗り降り自由のきっぷで、500円。スクラッチ式で、利用当日のみ有効。大和ミュージアムや入船山記念館などの観光施設で提示すれば、入館料が割引になる特典付き。発売は大和ミュージアムのほか、広島電鉄の窓口など。同じ内容のデジタル版「呉24時間パス」なら、「MORIBY」から同内容、同価格でスマホからいつでも購入できるが、こちらは購入日から90日以内に利用しないと無効になるので注意。

---

# 広島宮島NEWS

### 贅沢気分で海原や多島美を堪能 etSETOra

瀬戸内海の穏やかな多島美を眺めながら、金〜月曜、祝日に広島駅〜尾道駅間を呉線経由で1往復するJR西日本の観光列車。予約すれば沿線ゆかりのスイーツが楽しめるほか、酒どころ広島らしく車内に「トレインバー」もある。全客室がグリーン車の指定席で、乗車券のほかにグリーン料金1000円が必要。
問合せ＝ＪＲ西日本　☎0570-00-2486

### 観光用ループバスも便利です 「ひろしま めいぷる〜ぷ」

広島駅新幹線口を起点に、広島県立美術館、紙屋町、平和祈念公園や世界遺産「原爆ドーム」など広島市中心部のみどころをまわる便利な循環観光バス。3ルートあり、広島駅新幹線口を9:00〜18:00の間に、オレンジルート・グリーンルートは1時間ごと、レモンルートは10〜30分ごとに発車する。1回乗車220円、専用の1日乗車券は600円。
問合せ＝中国JRバス　☎0570-010-666

### 観光施設・飲食店優待券でお得に 「広島おもてなしパス(HOP)」

宿泊した広島市内の主なホテル・旅館で「一日乗車券」を購入すると、市内の観光施設や飲食店で割引などの特典が受けられる優待券「広島おもてなしパス」がもらえるのでお得。「一日乗車券」には、「ひろしまめいぷる〜ぷ」600円、「路面電車」700円、「路面電車+船」1000円、レンタサイクル「ぴーすくる」1527円がある。
問合せ＝広島市経済観光局 観光政策部 おもてなし推進担当
☎082-504-2676

---

※本誌掲載の営業期間は予定です。発行後に変更の場合がありますのでおでかけ前にお問合せください。

# 広島・宮島の知っておきたいエトセトラ

広島が舞台の本や映画、注目のスポットのほか、各地のイベント情報などを集めました。出発の前に予習して、より楽しい旅にしましょう。

## 見ておきたい映画

戦時下の広島が舞台で、丁寧に広島の風景を描いた作品には実在の場所がいくつも登場します。

### この世界の (さらにいくつもの) 片隅に

広島市街から呉に嫁いだ18歳のすずが、悪化していく戦争のなかで家族と次々と現れる困難を越え、必死にもがきながら懸命に生きていく物語。

©2019こうの史代・コアミックス/「この世界の片隅に」製作委員会

 **ココが登場地**

#### 旧澤原家住宅 (三ツ蔵)
きゅうさわはらけじゅうたく(みつくら)

文化6年 (1809) に建築。箕壁と漆喰壁を併用した珍しい造りで重要文化財に指定。映画の中では、すずが作中何度も行き来する坂道にある。

**DATA** ☎0823-25-3462 (呉市文化振興課) 住呉市長ノ木町2-9 休見学は外観のみ自由 MAP付録裏E4

#### 呉地方総監部 第1庁舎 (旧呉鎮守府庁舎)
くれちほうそうかんぶ だいいちちょうしゃ(きゅうくれちんじゅふちょうしゃ)

海上自衛隊呉地方総監部が使用する第1庁舎は明治40年(1907)に旧呉鎮守府の庁舎として建てられた。映画の中ではすずの夫・周作が鎮守府で軍事を務める。

**DATA** ☎0823-22-5511 (内線2702・海上自衛隊 呉地方総監部 広報推進室) [見学は毎月第1・3日曜日に見学可能 (事前の申請が必要)。詳細は公式HP (https://www.mod.go.jp/msdf/kure/)を要確認。住呉市幸町8-1 ¥見学無料 休公式HPを要確認 MAP P123A1

## 広島が舞台の本・マンガ

広島を訪れる前に読んでおきたい原爆関連の本や広島県の街が舞台のマンガはこちら。

### 黒い雨

原爆投下による黒い雨を浴びたために人生を狂わされてしまった女性と、その伯父夫婦とのふれあいを描く、井伏鱒二作の小説。

新潮文庫/1970年/井伏鱒二/781円(税込)

### 被爆のマリア

昭和20年(1945)8月6日広島に原爆が投下され、戦後60年を経てなお日本人の心を重く揺さぶる闇を、被爆者ではない4つの視点から見つめる作品集。

文春文庫/2009年/田口ランディ/586円(税込)

### ももへの手紙 上巻

瀬戸内海の島に移り住んだ「もも」の不思議な日々と家族の絆を描いた物語。大崎下島がモデルで2012年4月にアニメ映画が公開された。

KADOKAWA/作 画:北見明子 原案:沖浦啓之/616円(税込)

©2012「ももへの手紙」製作委員会

## 注目のスポット

新名物のストリートや、スケルトンなデザインのゴミ処理場をご紹介。今話題のスポットへ出かけましょう。

### 噂通り
うわさどおり

可部駅東口から延びる約80mの道路。2020年1月にGoogleマップに承認され標識が立つと話題に。噂通りの楽しい街にしたいという若き事業者が集い、創意あふれる飲食店やホテルなどが並ぶ。

**DATA** 住広島市安佐北区可部7-2-36 ¥休散策自由 MAP付録裏E1

### 広島市環境局中工場
ひろしましかんきょうきょくなかこうじょう

世界的建築家・谷口吉生氏が設計した、最新技術を導入したごみの焼却工場。ごみ処理施設のイメージを一新する、スケルトンな建築デザインが美しいと話題に。2階エコリアム(中央ガラス通路)などを見学できる。

**DATA** ☎082-249-8517 ⏰9時~16時30分 休無休 住広島市中区南吉島1-5-1 MAP P111D3

## 広島の方言

人情味にあふれ、愛嬌たっぷりの広島弁。代表的なものをご紹介。

~じゃけん、じゃけえ …~だから
~しんさい、しんちゃい …~しなさい
ぶち …とても　みてる …なくなる
はぶてる …すねる　さげる …持ち上げる
いなげな …変な、おかしな
こすい …ずるい　いけん …いけない、ダメ
ありゃーせん …あるわけがない
そげな …あのような　たちまち …とりあえず
ちいたぁ、ちいと …少し
ほいじゃあの …それじゃあ、ごきげんよう
かばちをたれる …文句をいう、不満をいう
ちゃった …たくさん、いっぱい
かえっこ …交換　いぬ …帰る

## 祭・イベント

広島三大祭や食のイベントなど、広島が大いに盛り上がるイベントがたくさん。広島っ子とともに楽しみましょう。

### 1～3月 かき祭り

広島・宮島・呉周辺の沿岸各地域でカキ祭りやイベントを開催。激安グルメや直売所などもあり、多くの人で賑わう。
**DATA** P37（宮島かき祭り）・57（ひろしまオイスターロード）参照

### 4月 造幣局広島支局花のまわりみち

八重桜の名所として有名なスポット。毎年200本以上もの桜が咲き、大手毬や御衣黄などの珍しい品種も見られる。☎082-922-1597 ⓭広島市佐伯区五日市中央6-3-1 MAP付録裏C2

### 5月 ひろしまフラワーフェスティバル

毎年5月3～5日に開催。平和記念公園と平和大通りをメイン会場に、160万人以上もの人で賑わう。
☎082-294-4622 ⓭平和記念公園・平和大通りほか MAP P114A2、P115D3

### 6月 とうかさん

圓隆寺で行われる広島三大祭の一つ。毎年45万人もの人で賑わい、別名「浴衣の着始め祭り」としても有名。
☎082-241-7420（圓隆寺）⓭広島市中区三川町8-12 MAP P115D3

### 7月か8月 すみよしさん

住吉神社で行われる広島三大祭の一つ。「すみよしさん」と親しまれ、「茅の輪くぐり」や打ち上げ花火など。
☎082-241-0104（住吉神社）⓭広島市中区吉町5-10 MAP P111D2※毎年日付が変わる

### 7月か8月 呉海上花火大会

海上から打ち上げられる花火が夜空を彩る夏の風物詩。☎0823-21-0151（呉まつり協会）⓭呉市築地町 MAP付録裏E4

### 8月 平和記念式典

原爆死没者の慰霊と世界恒久平和を祈念し、8月6日に挙行。8時15分には1分間の黙祷を行う。
**DATA** P69参照

### 10月 たけはら憧憬の路～町並み竹灯り～

竹原市の「町並み保存地区（P132）」を、約5000本の竹灯りが幻想的に照らし出す。竹のオブジェの展示なども行われる。
☎0846-22-7745 ⓭竹原市町並み保存地区一帯 MAP P133B1

### 11月 くれ食の祭典

呉市で開催するフードフェスティバル。肉じゃがや細うどんなどの呉グルメや地元の特産物も集まる。
☎0823-21-0151（呉まつり協会）⓭呉市中央3丁目 MAP P123C1

### 11月 ひろしま胡子大祭

広島三大祭の一つ。商売繁昌の「えべっさん」として親しまれる胡子神社の祭りで、開催日には多くの参拝者が訪れる。
☎082-241-6268（胡子神社）⓭広島市中区胡町5-14 MAP P115D1

### 11～1月（予定） ひろしまドリミネーション

平和大通りなどがイルミネーションに包まれる冬の風物詩。まばゆい光がロマンチックな世界をつくり出す。
**DATA** P89参照

## 公園・庭園

広島市の郊外には、草花や動物とふれあえる癒やしのスポットが点在。家族やデートで出かけるのにぴったりです。

### 広島市安佐動物公園

約25haもの広大な園内に、ライオンやゾウなど、約140種1700頭の動物が自然に近い形で飼育されている。
☎082-838-1111 ⓭広島市安佐北区安佐町動物園 MAP付録裏D1

### 広島市植物公園

広々とした園内は、季節の草花が咲き誇り、バラ園やベゴニア温室をはじめとする各種温室などのみどころが満載。
☎082-922-3600 ⓭広島市佐伯区倉重3-495 MAP付録裏C2

### 花みどり公園

「シャクナゲの国」では約170品種5500本が4月上旬～5月上旬に色とりどりの花を咲かせる。「ワンパクの国」には、ピクニックの丘とドッグランがある。
☎082-837-1247 ⓭広島市安佐北区安佐町久地2411-1 MAP付録裏D1

### ひろしま遊学の森 広島市森林公園

市民が森林に親しみ、林業への理解を深めるよう造られた公園。こんちゅう館や芝生広場、デイキャンプ場などを併設。
☎082-899-8241 ⓭広島市東区福田町藤ヶ丸10173 MAP付録裏E2

### 半べえ

街なかより車で15分、日本庭園を散策でき、眺めながら懐石料理を楽しむことができる。
☎082-282-7121 ⓭広島市南区本浦町8-12 MAP P111F3

# INDEX さくいん

## 広島・宮島

観光みどころ　寺社　プレイススポット　レストラン・食事処　お好み焼き店　カフェ・喫茶　居酒屋・BAR　みやげ店・ショップ　宿泊施設

# ココミル 広島 宮島

中国四国 ❸

2024年9月15日初版印刷
2024年10月1日初版発行

編集人：田中美穂
発行人：盛崎宏行
発行所：JTBパブリッシング
　　　　〒135-8165
　　　　東京都江東区豊洲5-6-36　豊洲プライムスクエア11階

編集・制作：情報メディア編集部
取材・編集：K&Bパブリッシャーズ／クエストルーム（稲田稔／柳川博紀／
吉田実賀）／有田範子／澤村美樹／坂本こずえ／武田政之／小川由紀子／
岸本香菜子／長谷部亮介／吉田英子／柴垣大理／松本ゆう子／
柴山小枝／平山礼香／柿本直子／福尾梢／加藤良子／小野澤正彦／
大門義明／阿部一恵／文村美和／佐川印刷

アートディレクション：APRIL FOOL Inc.
表紙デザイン：APRIL FOOL Inc.
本文デザイン：APRIL FOOL Inc.／K&Bパブリッシャーズ／
United（福島巳恵）／plastac／東画コーポレーション（三沢智広）
イラスト：平澤まりこ／森田宏子
撮影・写真：瀧本峰子／直江泰治／岸副正樹／佐藤純子／篠原沙織／
ayami／クエストルーム（柳川博紀）／エレファント・タカ／瀧村光生／
貝原弘次／谷口哲／新谷孝一／関係各市町村観光課・観光協会／PIXTA
地図：千秋社／ゼンリン／ジェイ・マップ
組版・印刷所：佐川印刷

すてきな思い出
できましたか♪

編集内容や、商品の乱丁・落丁の
お問合せはこちら

JTB パブリッシング お問合せ

https://jtbpublishing.co.jp/
contact/service/

本書に掲載した地図は以下を使用しています。
測量法に基づく国土地理院長承認（使用）R 5JHs 167-267号
測量法に基づく国土地理院長承認（使用）R 5JHs 168-109号

おでかけ情報満載　https://rurubu.jp/andmore/

243211　280192
ISBN978-4-533-16051-6　C2026
©JTB Publishing 2024
無断転載禁止　Printed in Japan
2410